CB057547

# Café Expresso

Leslie A. Yerkes e
Charles Decker

# Café Expresso

Tradução de
Geni Hirata

Editora Record
RIO DE JANEIRO • SÃO PAULO
2004

CIP-Brasil. Catalogação-na-fonte
Sindicato Nacional dos Editores de Livros, RJ.

Y48c
    Yerkes, Leslie, 1958-
    Café Expresso / Leslie A. Yerkes e Charles Decker;
    tradução de Geni Hirata. – Rio de Janeiro: Record, 2004.
    160p. :

    Tradução de: Beans
    Inclui bibliografia
    ISBN 85-01-06770-9

    1. Pequenas e médias empresas - Estados Unidos - Administração. 2. Serviço ao cliente - Estados Unidos. 3. Qualidade dos produtos - Estados Unidos. I. Decker, Charles, 1952- . II. Título.

04-0981
    CDD – 658.022
    CDU – 65.017.3

Título original norte-americano:
BEANS: FOUR PRINCIPLES FOR RUNNING A BUSINESS IN GOOD TIMES OR BAD: A BUSINESS FABLE TAKEN FROM REAL LIFE

Copyright © 2003 by John Wiley & Sons, Inc.

Ilustração de miolo: F. Miller

Tradução da língua inglesa autorizada por Jossey-Bass, Inc., empresa pertencente a John Wiley & Sons, Inc.

Todos os direitos reservados. Proibida a reprodução, no todo ou em parte, através de quaisquer meios.

Direitos exclusivos de publicação em língua portuguesa
adquiridos pela
DISTRIBUIDORA RECORD DE SERVIÇOS DE IMPRENSA S.A.
Rua Argentina 171 – Rio de Janeiro, RJ – 20921-380 – Tel.: 2585-2000
que se reserva a propriedade literária desta tradução

Impresso no Brasil

ISBN 85-01-06770-9

PEDIDOS PELO REEMBOLSO POSTAL
Caixa Postal 23.052
Rio de Janeiro, RJ – 20922-970

EDITORA AFILIADA

# Sumário

Prefácio  9
    Bob Nelson
Prólogo  13
Nota dos autores  17
Introdução  21

1   PAIXÃO: Se você não tem, precisa conseguir  25

2   PESSOAS: "Dize-me com quem andas e te direi quem és"  35

3   PERSONALIZAÇÃO: Todo mundo quer receber um atendimento personalizado  49

4   PRODUTO: Ninguém está disposto a pagar bem por um café ruim   73

5   O FOCO DA INTENÇÃO: Se você não vê para onde está indo, não vai saber quando chegar lá   83

6   OS QUATRO Ps: Grandes lições de uma pequena xícara de café   97

Epílogo: SEIS SEMANAS DEPOIS   117

Uma página das anotações de Carol Wisdom   125
Questões para discussão: Aplicando os Quatro Ps às suas experiências de trabalho   129
Apêndice: Fatos sobre a cafeína   141

Agradecimentos   151
Contatos   155

*Às nossas maravilhosas famílias,
pelo apoio incondicional*

# Prefácio

Esta é uma história real sobre a cafeteria El Espresso. Embora esta loja na realidade tenha outro nome, é uma pequena empresa semelhante a muitas outras, grandes e pequenas, que funcionam diariamente nos Estados Unidos e por todo o mundo. A El Espresso preferiu se manter pequena e fazer o que sabe fazer melhor: servir bem a seus clientes.

Nesta época de manchetes sobre executivos de grandes empresas atacados por acessos de fúria, Jack e Dianne Hartman, os proprietários da El Espresso, são o tipo de empresários que merecem menção especial na mídia. Durante mais de vinte anos, mantiveram-se fiéis a seus valores e princípios. No processo, criaram um empreendimento que conquistou a reputação de servir o melhor café de Seattle — bom o suficiente para fazer com que as pessoas se disponham a ficar na fila debaixo de chuva para comprar um café.

Trabalho o ano inteiro com milhares de gerentes e empresários, a maioria buscando maneiras de aumentar o sucesso de seus negócios. A resposta é simples: contrate os melhores funcionários que puder, deixe-os ser quem são, trate-os de maneira correta, recompense-os regularmente e instile neles o amor em servir e os clientes voltarão sempre. Essas verdades simples constituem a mensagem de *Café expresso*.

Para ajudá-lo a pôr em prática os princípios de *Café expresso* em seu próprio ambiente de trabalho, o livro coloca algumas importantes questões ao final, destinadas a ajudá-lo a examinar o estado atual de seu relacionamento com o trabalho — quer você seja o proprietário, o gerente ou um empregado. Eu o convido a ler este pequeno livro e descobrir como esses quatro princípios para administrar bem seus negócios nos bons e nos maus momentos podem energizar seus empregados, seus clientes e muito provavelmente toda a sua organização.

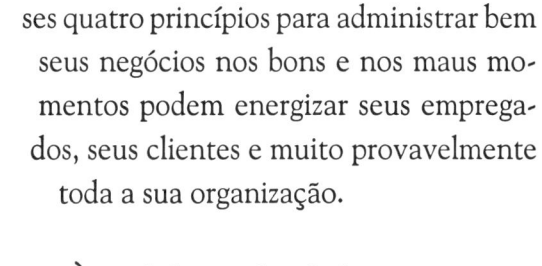

À medida que ler *Café expresso*, você conhecerá um empreendimento onde todo mundo quer ser um cliente ha-

~ Prefácio ~

bitual, onde o cliente é conhecido e respeitado e onde não há muita distinção entre servir as pessoas e gerir um negócio.

Aprenda as lições de *Café expresso* e este também poderá ser o seu negócio.

Abril de 2003  
San Diego, Califórnia

Bob Nelson, Ph.D.  
Autor de *1001 Ways to Reward Employees* e *The 1001 Ways to Rewards and Recognition Fieldbook*

P.S. Os autores criaram uma excelente maneira de promover o *feedback* e a interação com seus leitores. Basta acessar o site http://www.beansthebook.com e clicar em "Feedback". Eles adorariam conhecer a repercussão que as lições simples deste livro tiveram em sua empresa.

## Prólogo

Era um dia quente de final de verão em Seattle no primeiro ano do novo milênio. Meus amigos Ken Blanchard e Harry Paul me levavam para almoçar no Mercado Municipal de Seattle para comemorar o fato do livro de Harry (*Fish!*) ter alcançado o primeiro lugar na lista da Amazon.com, onde eu trabalhava.

Antes do almoço, planejávamos visitar Pike Place Fish, lar dos famosos arremessadores de peixes descritos no livro e no vídeo de Harry. Conforme descíamos a rua, passamos por um minúsculo balcão de café com uma longa fila de fregueses do lado de fora, alegremente esperando sua vez de comprar *lattes*, expressos e *cappuccinos*. Apontei para a loja e para a fila e disse a Ken, que é amplamente conhecido por seus estudos de casos contados em forma de parábolas e fábulas:

— Há uma história ali.
Intrigado, Ken pediu-me para explicar melhor.

Eis o que lhe contei:

— Ken, todo dia, debaixo de chuva ou sol, aquela loja tem uma fila de fregueses esperando do lado de fora, às vezes até vinte minutos, para comprar seu café. Em um centro de cidade totalmente dominado por Starbucks, Tully's e Seattle's Best Coffees, muitos dos quais possuem sofás confortáveis, lareiras e majestosos pianos, este lugar tem de ter alguma coisa especial. Como pode ver, são apenas dois metros quadrados de área com um balcão de três metros e duas mesas para se sentar do lado de fora no verão. No entanto, não só sobrevive, como prospera. E, ao longo do tempo, criou uma fantástica e fanática fidelidade dos clientes. Tem que haver alguma espécie de mágica no lugar para criar esse tipo de devoção dos fregueses.

"Sabe o que acho, Ken? Pelo que observei, a chave do sucesso desta empresa tem a ver com preceitos básicos: contrate as melhores pessoas que puder, dê poder a elas e instile nelas o amor pelo serviço ao consumidor. E quando segue os preceitos básicos fielmente, você alcança o sucesso, quer seja um Davi lutando contra um exército de Golias, quer faça parte de uma das 500 maiores empresas do mundo da lista da *Fortune*. Daria uma excelente história de negócios.

Ken disse:

— Concordo inteiramente. Por que não a escreve?

Essa não era a resposta que eu esperava. Seguimos em frente e tivemos, pelo que me lembro, um almoço realmente extraordinário.

Mais de um ano após essa conversa, minha amiga Leslie Yerkes, autora de *Fun Works: Creating Places Where People Love to Work*, veio a Seattle para diversas reuniões, inclusive uma com alguns dos meus colegas de trabalho na Amazon.com. Naquela noite, quando Leslie e eu andávamos até um restaurante para jantar, apontei para aquela inspiradora organização e disse-lhe o mesmo que dissera a Ken Blanchard um ano antes. Dois dias depois, Leslie me ligou de Cleveland e disse:

— Andei pensando no que você me disse e acho que tem razão: daria realmente um estudo de caso fantástico para um livro e uma continuação natural para *Fun Works*. Por que não trabalhamos em colaboração?

O que você está prestes a ler é o resultado dessa colaboração. Leslie e eu esperamos que esta história o inspire e faça você meditar sobre a maneira como se sente a respeito de sua vida, do que faz e como age nos bons e nos maus momentos.

Esperamos que *Café expresso* o ajude a fazer um grande sucesso — xícaras e mais xícaras de sucesso.

*Abril de 2003*                                              Charles Decker
*Nova York, Nova York*

## *Nota dos autores*

Este é o relato romanceado de uma história verídica de pessoas reais administrando um negócio real. No processo de transformar a história em ficção, bem como para proteger a privacidade das pessoas envolvidas, os nomes foram mudados; alguns fatos e situações também são produto da imaginação. Os autores gostariam de agradecer àqueles que compartilharam suas lembranças conosco.

Acreditamos plenamente na importância da leitura em grupo nas companhias e organizações. Para ajudar a colocar essas idéias em prática, no final do livro você encontrará questões para discussão, destinadas a encorajar a conversa e o compromisso nas grandes e pequenas empresas. Para obter mais informações sobre como formar um grupo de leitura em sua organização, acesse o website

http://www.beansthebook.com

e clique em "Business Literacy".

# Café Expresso

## Introdução

*Café expresso* é a história da El Espresso, uma empresa que lutou e prosperou apesar de se manter deliberadamente pequena. *Café expresso* se passa no coração de Seattle, a capital do café dos Estados Unidos. É a história de Jack e Dianne Hartman e de como passaram de comissários de bordo de companhias aéreas para o rei e a rainha do cenário dos expressos de Seattle.

*Café expresso* também é a história das pessoas que escolheram trabalhar e prestigiar a El Espresso. Você vai saber o que essas pessoas trouxeram a essa experiência e o que obtiveram dela. E descobrirá como a El Espresso mudou suas vidas e as vidas dos habitantes de Seattle que fazem da El sua parada habitual para tomar um café.

*Café expresso* mostra como sobreviver em um mundo que se move à velocidade da luz. É uma história que demonstra a cada um de nós como tornar nossa vida e nossos negócios envolventes, vibrantes e repletos de pessoas como nós.

Mas principalmente, *Café expresso* é a história de como *Paixão, Pessoas, Personalização* e *Produto* podem ajudá-lo a melhorar suas experiências de trabalho, quer seja um empresário, um novo gerente ou um empregado em busca de um modo mais inteligente de lidar com o trabalho. E de como a única maneira de avaliar bem os resultados é enxergá-los com o que chamamos de "O Olho da Intenção".

O segredo de *Café expresso* é que a qualidade da xícara de café, a qualidade da sua experiência de trabalho, é resultado direto dos ingredientes usados em sua extração. *Café expresso* demonstrará com clareza como cada um de nós escolhe diariamente quais serão esses ingredientes, em que proporção cada um deles será usado naquele dia e a qualidade do produto final que vamos preparar.

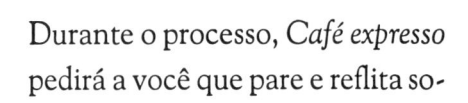

Durante o processo, *Café expresso* pedirá a você que pare e reflita sobre cada um desses Ps e como eles funcionam em seu trabalho:

*Paixão*: Você é apaixonado pelo que faz? Se não, por quê? O que poderia fazer para encontrar esta paixão e carregá-la consigo todos os dias? Outras pessoas sentem ou experimentam sua paixão através do seu trabalho? Você consegue manter sua paixão acesa ao longo do tempo?

*Pessoas*: Que tipo de pessoa vem trabalhando para você e com você? Que tipo de pessoa você é? Você possui os clientes certos? Tem sido seletivo em sua escolha e se preparou adequadamente para servi-los bem? Criou relacionamentos duradouros com aqueles a quem serve e com aqueles com quem trabalha?

*Personalização*: Todo mundo quer receber um tratamento personalizado e ser um cliente preferencial de algum lugar. Você está tratando os clientes como amigos? Sabe seus nomes? Os nomes dos familiares deles? Do que gostam de fazer quando não estão trabalhando? Pode dizer o mesmo de seus empregados e colegas de trabalho? Você estabelece uma conexão significativa com seus clientes e colegas de trabalho todos os dias? Você viu seus esforços resultarem na criação de uma comunidade?

*Produto*: Nenhum dos outros Ps pode salvar um produto ruim. Você presta atenção à qualidade do que produz? Do que serve? Em como você desempenha suas funções? Seu produto representa quem você é para o mundo? Você criou um ambiente onde a excelência consistente dos produtos pode ser mantida?

Como qualquer história, *Café expresso* tem começo, meio e fim. Possui um passado e um futuro desconhecido. É nossa esperança que aquilo que aprender com *Café expresso* o ajudará a descobrir como promover o sucesso de longo prazo em seu trabalho e em sua vida — nos bons ou nos maus momentos.

# PAIXÃO

## Se você não tem, precisa conseguir

*Meço minha vida em colheres de café.*

T. S. Eliot, "The Love Song of J. Alfred Prufrock"

**Bainbridge Island, Winslow, Washington**
**Do outro lado do canal Puget, em frente a Seattle**
**5:55**

Jack Hartman rola na cama e desliga o despertador cinco minutos antes da hora em que o relógio estava acertado para despertar. Há anos, ele acerta o despertador apenas como uma precaução contra a possibilidade improvável de dormir até mais tarde e perder a hora. A vida é divertida demais e curta

~ *Café expresso* ~

demais para passar dormindo. Quando era comissário de bordo da Continental Airlines, Jack nunca perdeu um vôo. Na realidade, quase sempre era o primeiro tripulante a chegar para a aventura aérea de cada dia. Embora seus dias de atendimento a bordo há muito tenham terminado, Jack em geral ainda é o primeiro a se levantar e o primeiro a chegar.

Sem pensar muito, ele realiza sua rotina de todas as manhãs — um rápido banho de chuveiro e escovar os dentes. Em seguida, entra na cozinha para sua xícara de café matinal, um ritual familiar à maioria de nós, mas que para Jack Hartman é inteiramente diferente. Para Jack, a primeira xícara de café da manhã não vem de um Mr. Coffee ou de uma colher de café solúvel em água fervida no microondas. A primeira e minúscula xícara de café do dia de Jack é de café expresso — espesso, aromático e saboroso. Um poderoso elixir de cafeína, sabor e amor feito em sua reluzente máquina de café expresso, de aço inoxidável, King Coffee Espresso — uma versão apenas um pouco menor do famoso modelo La Marzocco que ele usa o dia inteiro para satisfazer a ânsia de cafeína de centenas de fregueses de sua loja em Seattle, a El Espresso.

Jack Hartman é conhecido por muitos como o Rei do Café, o homem que tornou o carrinho de café expresso uma experiência comum e diária, aonde milhares de moradores de Seattle vão todos os dias para adquirir sua xícara de café especial. Todas as manhãs, há vinte anos, Jack se levanta cedo e pedala sua Bianchi de dez marchas para o trabalho, onde prepara e serve xícaras de café expresso para as pessoas do centro de Seattle. E todas as manhãs nos últimos doze meses, ele tem dedicado trinta minutos à meditação antes dessa jornada.

A meditação é uma das maneiras que Jack utiliza para simplificar sua vida, usando frases familiares para afastar as preocupações do mundo e trazer paz para o seu interior, como forma de preparação para enfrentar um dia de trabalho ininterrupto e centenas de clientes. Manter a vida simples é uma de suas metas.

Nesta manhã, Dianne junta-se a Jack às 6:45 para um rápido bom-dia e um expresso, antes de partir com suas amigas para uma sessão de remo no canal Puget logo após o alvorecer. Dianne Hartman é a sócia de Jack na vida e nos negócios pelos mesmos vinte anos. Como nos livros de histórias, Jack e Dianne se conheceram em pleno vôo, na cozinha de um DC-10, onde ambos eram comissários de bordo, preparando o café da manhã para seus passageiros. A atração foi instantânea e natural, como café e leite. Após vários anos no ar, Jack e Dianne resolveram se casar e fincar os pés no chão quando ele comprou um carrinho de café denominado El Espresso no centro de Seattle, em 1980. Dianne gosta de dizer que ela serve café às pessoas há 35 anos: os quatorze primeiros a dez mil metros acima do nível do mar e os 21 seguintes a dez metros acima do nível do mar no centro de Seattle.

Há aproximadamente um ano, Dianne tem conseguido ficar em casa, ir remar com as amigas ou fazer o que lhe aprouver, porque ela se aposentou após vinte anos como sócia de Jack na El. Embora aposentada, ela não resiste a ir à cafeteria diversas vezes por semana para dar uma ajuda.

Depois que Dianne sai, Jack começa a empacotar os famosos biscoitos de pedacinhos de chocolate que ele assou na noite anterior. Os biscoitos se tornaram os preferidos de seus clientes, que certamente demonstrariam sua decepção se não estivessem disponíveis na loja naquele dia. Jack gosta de dizer que ele criou um monstro, mas é um monstro que indica o quanto seus clientes gostam dele e da maneira como conduz seus negócios. É um monstro que vale a pena ter.

Jack amarra os pacotes de biscoitos no reboque de sua bicicleta e parte em sua jornada de seis quilômetros pelas colinas de Bainbridge Island em direção à doca das barcas.

Ao longo do caminho, as curvas, voltas, altos e baixos da estrada fazem Jack pensar nas curvas, voltas, altos e baixos da vida que o colocaram em uma ilha bucólica do outro lado do canal, em frente a Seattle, em sua bicicleta, a caminho do negócio que ele criou tanto por necessidade quanto por planejamento. Jack Hartman é uma daquelas pessoas que precisava abrir seu próprio negócio para aproveitar ao máximo suas paixões na vida — paixão por café, por conversas e por criar uma comunidade. Empregos que preencham essas necessidades não existem em muitos lugares, de modo que em geral cabe às pessoas criá-los para si mesmas.

Em 1979, a Continental decidiu encerrar suas atividades em Seattle. Em conseqüência da decisão da Continental de reduzir o tamanho da empresa, Jack e Dianne também precisavam tomar uma decisão. Se quisessem manter seus empregos como comissários de bordo, teriam que se mudar para outra cidade. Se não quisessem se mudar, teriam que encontrar novas carreiras. Era uma decisão difícil porque adoravam o que faziam. Mas verificou-se que seu amor por Seattle era mais forte do que o amor pela aviação. Além disso, não eram os vôos que eles amavam tanto, mas as pessoas, os passageiros. Agora, tudo que precisavam fazer era encontrar um emprego que envolvesse lidar com pessoas e, assim, satisfizesse suas paixões.

Enquanto desce a ladeira para a estação das barcas que fazem a travessia do canal entre Seattle e Bainbridge Island, Jack recorda-se de sua primeira tentativa empresarial depois do período em que trabalhou na companhia aérea — um bar flutuante chamado The Martini Barge, no lago Washington. Ele e alguns amigos iniciaram o negócio em grande parte apenas como um meio de ganhar a vida. E embora tenha sido razoavelmente bem-sucedido, Jack sabia que não era uma carreira. Enquanto vendia drinques aos clientes, descobriu que gostava de trabalhar por conta própria. E embora adorasse tornar as pessoas felizes, sabia que algo estava errado. Finalmente, descobriu o que era — estava vendendo um produto pelo qual não era apaixonado. Compreendeu que teria que fazer outra mudança.

Anos antes, Jack freqüentara um lugar pequeno denominado Cafe Allegro no University District, e ainda se lembrava das alegrias de um café bem passado, bem-feito. Lembrou-se de como se sentia energizado depois de cada xícara. O tempo que passara no ar também girara quase sempre em torno de café. Sabia, por essas duas experiências, que uma boa xícara de café podia fazer as pessoas se sentirem bem, deixá-las prontas para enfrentar o resto do dia. Assim, quando surgiu a oportunidade de adquirir uma firma já estabelecida de carrinho de café chamada El Espresso, Jack e Dianne levantaram o capital de $5.000 necessário e ansiosamente entraram no negócio sozinhos.

A primeira parte da jornada diária de bicicleta de Jack termina quando ele chega às docas. O percurso de seis quilômetros o energizou como um expresso bem tirado — o sangue flui pelo cérebro e as idéias afloram rapidamente. Coloca a bicicleta a bordo da barca, prende-a com segurança e dirige-se ao convés superior para a bela travessia de trinta minutos do canal Puget.

À medida que a barca se afasta das docas, o barulho calmante da água batendo no casco o leva de volta às recordações de sua travessia pela vida com o El Espresso.

Durante os três primeiros anos no negócio, Jack e Dianne dedicaram-se a aprender tudo que podiam sobre café. Aplicaram a mesma paixão que tinham no ar para criar e servir a xícara de café perfeita. Em pouco tempo, toda xícara que serviam era preparada com tal paixão que a tornavam a melhor possível. No entanto, logo descobriram também que, por mais paixão que tivessem pelo que faziam, a menos que sua clientela tivesse uma paixão semelhante por café, não permaneceriam muito tempo no negócio. Assim, ao invés de esperarem que seus clientes desenvolvessem esta paixão por conta própria, Jack e Dianne começaram a *criá-la*.

"Gerar paixão nos clientes começa por ensiná-la a eles todos os dias", Jack costumava dizer. Dizia isso a si mesmo, a Dianne, a seus empregados, a qualquer pessoa que quisesse ouvir. E como ele gosta de falar, concluiu, provavelmente repetiu essa idéia para muitas pessoas.

"Quando você ama muito o que faz, os seus clientes naturalmente passam a amá-lo também", Jack costumava pensar. Uma das primeiras coisas que fez para tornar as pessoas apaixonadas pela El Espresso foi preparar um café duplo, com duas medidas de pó, e vendê-lo como simples. Jack achou que essa seria uma boa maneira de tornar seu café duplamente melhor do que qualquer outro. E funcionou, lembra-se, observando que a barca já estava a meio caminho de Seattle.

~ ~

Quando a barca atraca, a silhueta dos edifícios de Seattle recortados contra o céu assoma acima dele e faz Jack pensar na realidade da qual está se escondendo — nem tudo vai perfeitamente bem na El Espresso. Sua empresa apresenta alguns problemas — com o fluxo de caixa e com empregados. Esses problemas começam a ameaçar sua paixão.

Além disso, a economia em geral está em baixa. A maioria de seus clientes fiéis ainda é apenas isso — fiel. Mas um dos maiores empregadores de Seattle, uma empresa pontocom com escritórios no edifício ao lado do balcão da El, transferiu centenas de empregados, a maioria clientes fiéis da cafeteira, para novos escritórios a quilômetros de distância. E isso teve um drástico impacto em seus negócios, de duas maneiras.

Primeiro, a linha mais sofisticada sofreu um duro golpe. Será difícil substituir centenas de clientes diários. Jack tem certeza de que teoricamente é possível reconstruir sua base de clientes, mas não sabe se ainda possui o tempo ou a vontade para isso. Segundo, seus empregados estão preocupados com o futuro. (Ei, ele está preocupado com seu *próprio* futuro!) E quando os empregados ficam preocupados, logo os clientes percebem. Pior ainda, um empregado essencial, George Guthrie, que vem preparando e servindo café com ele há oito anos e uma pessoa que Jack acha que os clientes simplesmente adoram, está dando sinais de exaustão. E isso significa que Jack vai precisar ter uma conversa franca com George muito em breve. Por mais que saiba que esta é a atitude certa a tomar, também sabe que será emocionalmente difícil para ambos. E esta não é a parte do seu trabalho que ele gosta.

Após muita discussão com sua melhor amiga e sócia, Dianne, Jack decidiu contratar um consultor de empresa para ajudá-lo a analisar a situação e a desenvolver novas maneiras de reerguer os negócios. Seu maior temor a esse respeito é que a recomendação seja de expandir o negócio para fazer frente à crescente competição das redes de cafeterias, como um consultor anterior havia sugerido, com resultados desastrosos. Essa é uma sugestão em que ele definitivamente não está interessado. Para Jack Hartman, maior não significa melhor — é apenas maior.

Neste momento, entretanto, ele tem que subir com sua bicicleta pela Spring Hill e preparar-se para enfrentar o novo dia, uma reunião às dez horas com o que ele acha que é seu último recurso — a consultora de empresas Carol Wisdom — *e* fazer o melhor possível para superar o pânico em que se vê imerso neste dia parcialmente ensolarado em Seattle.

# PESSOAS

## "Dize-me com quem andas e te direi quem és"

*A xícara de café da manhã possui uma qualidade estimulante que não se pode esperar que a reanimadora influência da xícara da tarde ou da noite seja capaz de reproduzir.*

Oliver Wendell Holmes, 1891

**Píer 52
Porto de Seattle
8:00**

Andar pelo centro de Seattle seria muito mais fácil se não fossem as colinas, Jack pensa enquanto pedala lentamente pela subida de Spring Hill em primeira marcha. Mas se as colinas não estivessem ali, pensa, Seattle não perderia seu encanto? Como sempre acontece com Jack Hartman, um enigma leva a outro. Um pensamento surge em sua mente: não seria muito mais fácil administrar um negócio, imagina, se não fossem os empregados? Mas se os empregados não estivessem lá, haveria algum negócio?

Como praticamente todo mundo na força de trabalho atual que tenha mais de trinta anos, Jack cresceu em uma cultura de trabalho que criou e encorajou uma relação de amor e ódio entre empresas e empregados. É como a velha piada sobre homens e mulheres: ruim com eles, pior sem eles. O pensamento do trabalho industrializado dos últimos cem anos dizia que os empregados eram um mal necessário — que todo empreendimento funcionaria com muito menos atropelos se não fosse pelos empregados atravancando as engrenagens com seu mau humor, seus problemas e suas necessidades. Felizmente, Jack nunca se sentiu realmente assim. Para ele, os empregados são o coração de sua empresa — razão pela qual esse pensamento é tão perturbador. A diversidade de personalidades de uma equipe de trabalho é o que torna o empreendimento único. A El Espresso é um exemplo vivo, vibrante, da filosofia de Jack.

Se não fosse pelos seus empregados, Jack sabe que não estaria onde está hoje. No entanto, ultimamente tem ficado frustrado. Tenta afastar esse pensamento da mente enquanto conduz sua Bianchi pela ladeira acima de uma das ruas mais íngremes que precisa percorrer para chegar à cafeteria no centro de Seattle.

Pedalar pela Spring Hill é sempre difícil. Conforme envelhece, Jack cada vez considera com mais freqüência a conveniência de saltar e andar, mas não o faz. Mantém o percurso de bicicleta e conquista sua montanha todos os dias, embora ultimamente ela pareça ficar cada vez mais íngreme. Bem, pensa, ao menos já não tem que abrir a loja; nos últimos anos tem sido George Guthrie quem abre a cafeteria. (E tem feito um excelente trabalho. Se ao menos seu desempenho no resto do dia mantivesse o mesmo padrão do começo da manhã.)

E Jack também não precisa mais estar presente na El Espresso a cada minuto do dia. Para ser mais preciso, ele já nem precisa mais estar lá. Discretamente e com simplicidade, Jack mudou a natureza da El Espresso de um trabalho que ele e Dianne compartilhavam em um negócio. É um negócio, Jack pensa, por causa dos empregados — porque eles podem fazer a El Espresso funcionar bem sem a sua presença. Isso significa que ele poderia vender o ponto, se quisesse. Embora não esteja pensando em vender no momento, é um conforto saber que poderia fazê-lo. Ele se consola com o fato de que, quando chegar a sua hora de fazer uma mudança, o negócio continuará; seus auxiliares não ficarão desempregados, nem seus fregueses sem sua xícara diária de café. E esse sentimento libertador faz valer a pena as dores e aflições causadas pelo esforço despendido todos os dias.

Quando ultrapassa o topo da colina, ele se vê relembrando muitos dos empregados que trabalharam na El Espresso.

Matt McMillian foi seu primeiro empregado e um bem pouco provável, já que é introspectivo por natureza — não gosta muito de pessoas, ou assim ele diz. Mas Matt ficou com Jack durante quase vinte anos antes de se *aposentar*. Durante esse tempo, aprendeu os nomes e diversos factóides sobre milhares de clientes — clientes que sempre voltavam por causa de Matt. E do café, é claro.

Embora Matt possa alegar não ter tanta necessidade de estar perto de pessoas, ninguém diria isso pela maneira como servia os clientes. Na semana anterior, Matt parou na loja para dizer "Oi", mas passou a maior parte dos seus vinte minutos de permanência sendo abraçado por clientes que estavam contentes em vê-lo e não paravam de perguntar se ele iria voltar. Embora dissesse que não, Jack pôde ver um brilho nos olhos de Matt que indicava que ele sentia suficiente falta de preparar o café e deliciar os clientes para não descartar a possibilidade.

Matt era o principal exemplo do que Jack considerava como "o trabalho é mais importante do que o dinheiro". Se ter um emprego significasse apenas levar o salário para casa, Jack tinha certeza de que qualquer um que tivesse trabalhado para ele poderia ter se saído melhor em outra firma qualquer. Mas não é. Trabalho *é* mais do que dinheiro. Tem a ver com gostar do que faz. Tem a ver com sentir que o que está fazendo é uma extensão natural de si mesmo e preenche uma necessidade que você tem. É por esse motivo que Jack sempre procurou empregados que primeiro tivessem paixão e depois a atitude certa. Ele sabia que se as pessoas tivessem paixão e atitude certa, ele poderia ensinar-lhes as habilidades necessárias para preparar uma excelente xícara de café. Matt era um exemplo dessa convicção.

Maria Falsetto era outra. Jack costumava caçoar de Maria dizendo que seu nome parecia um desses inventados nos livros. Mas, valha-me Deus!, esse era seu nome. E não havia nada de falso a respeito de Maria. Ela era pura magia. Estar perto de Maria era mágico. Ela ainda diz que trabalhar na El Espresso foi a mais extraordinária experiência de trabalho de sua vida. Se for verdade, Jack tem certeza de que isso se deve à própria Maria. Ele acredita que as pessoas não só refletem seu ambiente de trabalho, mas que todo local de trabalho é um reflexo das pessoas que estão ali. Maria sempre disse que trabalhar na El Espresso é como ser um artista de circo.

— É nosso palco, nosso espaço — diz. — Nossos clientes entram e saem de um espetáculo permanente, que está sendo julgado a todo instante por todos que param para comprar uma xícara do nosso café. E enquanto a atuação for satisfatória, previsível, e ainda assim constantemente variada, nossos clientes voltarão para novas apresentações dia após dia.

Jack também gosta de encorajar seus empregados a prender os clientes. Ele sabe que, quando os clientes se sentem ligados a você, têm menos disposição de gastar seu dinheiro com um concorrente. Ele sabe que, quando os empregados não só conhecem os clientes pelo nome, mas os nomes de seus familiares e o que fazem quando não estão trabalhando, os clientes desenvolvem uma ligação tão forte com os empregados, a loja e o produto que se sentem como traidores quando compram uma xícara de café em outro estabelecimento. E não é nada mau para os negócios quando os clientes se sentem dessa forma. Nada mau mesmo.

No entanto, os negócios não iam bem. Particularmente de manhã, tradicionalmente a hora mais ocupada do dia. Seria o problema de seus empregados não estarem ligados aos clientes? Ou seria mesmo falta de clientes? Ou ambos? Jack precisava descobrir.

~ ~

**Pine Street com Fourth Avenue**
**Centro de Seattle**
**8:30**

Quando Jack pára na pequena loja conhecida como El Espresso, tudo indica que este será um bom dia. A fila tem três metros e George está bem acordado e animado. Ele e Elizabeth Ortize cumprimentam os fregueses que chegam e conversam com os que estão na fila, o tempo todo preparando excelentes xícaras de café com perícia e velocidade que mantêm os clientes satisfeitos, enquanto conversam na fila com amigos — velhos amigos ou recém-adquiridos.

Com George e Elizabeth atendendo a correria da manhã, Jack desembrulha os biscoitos e reflete na sorte que tem de possuir empregados que podem tocar os negócios sem ter que consultá-lo a cada passo. Enquanto prepara para si próprio a segunda xícara do dia, pensa em Jim Howse, um cliente que passou ali ontem à procura de outro empresário com quem pudesse se lamuriar. Jim aparece ali todas as manhãs mais ou menos na mesma hora, parecendo mortalmente cansado, antes de se arrastar até o bar do qual é proprietário na Third Avenue para abrir às dez. Ele fica lá até às oito da noite, deixando a incumbência de fechar para seu gerente da noite. Mas sempre retorna às três da manhã, depois do fechamento, para fazer o inventário das bebidas e certificar-se de que os empregados não estão roubando nada ou, pior, bebendo os lucros.

— É preciso ficar de olho nos empregados ou eles o depenam, hein, Jack? — disse Jim.

Jack ficou perplexo ao ouvir aquilo.

— Você acorda e volta toda noite para contar as garrafas e marcar os níveis para checar se está sendo roubado? Não acho que a vida mereça esse sacrifício, Jim. Se fosse comigo, e aqui é comigo, eu não faria isso.

— Então, o que você faz? Deixa que levem todo o seu lucro? Talvez você tenha margens de lucro melhores do que as minhas, mas não posso contar com a sorte se quiser permanecer nos negócios.

— Bem, cada um sabe de si — retorquiu Jack, encolhendo os ombros —, mas aqui eu contrato boas pessoas e deixo que trabalhem.

— Deixa que trabalhem? — perguntou Jim, incrédulo. — Sem supervisão? Como pode fazer isso? Todos os dias, dou à minha gerente uma lista de coisas que quero que sejam feitas naquele dia e toda noite ela deixa a lista com marcas ao lado de tudo que conseguiu terminar. O que não tiver sido feito, eu coloco na lista do dia seguinte. Dessa forma, nada escapa ao controle.

— Minha filosofia é um pouco diferente, acho — disse Jack. — Confio no meu pessoal, sei que todos vão agir corretamente. E depois, não fico por aí me preocupando com o que vão fazer ou deixar de fazer. Sabe, a confiança realmente é mais forte do que o temor; digo ao meu pessoal o que espero deles, qual é a nossa missão, e conversamos sobre metas para a semana, o mês, o ano. Conversamos sobre quanto podemos gastar em melhoramentos e depois os deixo trabalhar. E eles não só cuidam de tudo que eu poderia ter colocado em uma lista, como trazem suas próprias idéias, em geral melhores do que as minhas, e as executam sem me perguntar. Gosto de pensar que consideram a cafeteria como se fosse deles, e que fazem o que fariam se a loja *realmente* lhes pertencesse.

— Bem, Jack, você é melhor do que eu. Não acho que poderia fazer isso. Mas devo dizer que a idéia parece bem mais atraente do que voltar todas as noites às três da madrugada para fazer a conferência. Vou ter que pensar no que me disse.

Lembrar-se dessa conversa com Jim quase faz Jack achar que sabe o que está fazendo. Mas se isso fosse realmente verdade, ele não teria que contratar um consultor, não é mesmo? E não teria o problema que está tendo com George. Bem, precisava resolver esta questão primeiro, logo depois da hora de maior movimento da manhã.

## Pine Street com Fourth Avenue
## Centro de Seattle
## 9:30

Como as filas na El simplesmente diminuíam ou aumentavam, sem realmente nunca desaparecerem, seria difícil para algumas pessoas imaginar quais as horas de maior movimento do dia. Mas para Jack e seus empregados, 9:30 era o começo de uma trégua — tinham trinta minutos antes que a multidão do intervalo para o café do meio da manhã saísse para as ruas de Seattle em busca de uma revigorante xícara de café. Portanto, não podia adiar mais sua conversa com George, pensou. Era melhor tratar disso logo.

Jack encontra George onde ele sempre está nesta hora do dia, recostado nos fundos da loja, uma xícara de café descafeinado nas mãos.

— Manhã movimentada, hein, George?

George resmunga em resposta, os olhos aparentemente tentando adivinhar alguma verdade desconhecida, oculta na fumaça que se desprende da bebida. Então, Jack pensa: George deve ter percebido que sei que alguma coisa o está incomodando. Sempre percebo quando um funcionário sabe que sei que alguma coisa está errada quando não me fita nos olhos.

Isto vai ser mais difícil do que imaginava. Certamente mais difícil do que gostaria.

— Você percebeu, George, que nossa hora de maior movimento de manhã não é mais como costumava a ser?

— Sim, percebi. E nossa receita da manhã também caiu muito.

— É conseqüência.

Isso realmente vai ser difícil, Jack pensa.

— E vários dos nossos clientes habituais da manhã parecem não estar parando mais na loja.

Jack faz uma pausa, esperando que George continue a conversa. Entretanto, tudo que consegue de George é o silêncio. Após alguns momentos desconfortáveis, Jack continua:

— Será que precisamos dar uma olhada no nosso serviço ao cliente?

— Eu e Elizabeth estamos fazendo um bom trabalho. Não é por nossa causa. — George se remexe desconfortavelmente, sua postura fixa projetando uma atitude defensiva.

— Sabe — diz Jack —, às vezes, quando não estou de bom humor, posso perceber que não estou fazendo o melhor pelos clientes. Isso acontece com você?

— Acho que nosso número de clientes caiu porque as pontocom estão indo embora. Você tira toda essa gente do quadro de clientes e sua receita naturalmente decresce. — George toma um gole do café descafeinado, os olhos fixos na fumaça.

— Sem dúvida, essa é uma das causas, mas nosso problema de manhã começou antes disso. Estou falando de nossos clientes habituais que não se mudaram. Nós os estamos perdendo; e como as pontocom realmente estão indo embora, temos que nos esforçar ainda mais para manter os outros clientes.

— Olhe! Se está tentando me dizer alguma coisa, por que simplesmente não diz? Acha que a culpa é minha, não é?

— Eu não disse isso.

— Não é preciso. Posso ler a expressão do seu rosto. Sabe, não é fácil ter que lidar com a mesma rotina todos os dias. Você quase não pára mais aqui, Jack. Acho que se esqueceu do desafio que é ter que estar sempre disposto, sempre sorrindo, ser sempre gentil, independente de como esteja se sentindo. Ou que tipo de dia *você* está tendo.

— Não, eu sei. Nem sempre é tão fácil como gostaríamos que fosse.

~ *Café expresso* ~

— Podemos terminar esta conversa depois? Tenho que ir ao toalete. — George vira-se e afasta-se, o resto do café sacudindo em sua xícara.

Bem. Certamente essa conversa não foi tão boa quanto eu gostaria, Jack pensa. Não resolvemos nada. Talvez quando minha nova consultora aparecer eu lhe pergunte como teria lidado com essa situação.

# PERSONALIZAÇÃO

## Todo mundo quer receber um atendimento personalizado

*O sacerdote vodu e seus pós não significavam nada comparados a expresso, cappuccino e mocha, que são mais fortes do que todas as religiões do mundo combinadas, e talvez mais fortes do que a própria alma do ser humano.*

Mark Helprin, *Memoir from Antproof Case*

El Espresso
Pine Street com Fourth Avenue
Centro de Seattle
9:55

A primeira onda de clientes do intervalo da manhã para o café ainda não começou realmente. Jack Hartman aproveita a oportunidade para preparar um *latte* e levá-lo para uma mulher sentada em um banco em frente à El. Ela está sentada lá desde que ele chegou há quase uma hora e meia, aparentemente esperando por alguém — alguém que, até o momento, ainda está oficialmente desaparecido.

— Tome — diz Jack, entregando-lhe o *latte*. — Achei que gostaria de um desses enquanto espera. Ele deve ser muito especial. Qual o nome dele?

— Ora, obrigada pelo café. O nome dele é Jack, e estou começando a achar que ele realmente o é. Especial, quero dizer.

— O nome dele é Jack? Que coincidência. O meu também.

— O Jack com quem devo me encontrar é um especialista, pelo que ouvi dizer, em preparar *lattes* — ela graceja.

— E eu tenho a honra de conhecer a sra. Carol Wisdom?

~ *Personalização* ~

— Isso mesmo.

— O que está fazendo sentada aqui? Eu a esperava na loja às dez.

— Bem, Jack, sempre que posso, gosto de observar meus clientes trabalhando, sem que eles saibam que estou ali. Isso me dá uma vantagem inicial bem objetiva em conhecê-los. Na verdade, já estou aqui...

— Há dois dias — completa Jack. — Sei disso. Eu a tenho observado.

O choque inicial de Carol por ter sido descoberta dá lugar a uma agradável risada de admiração.

— Eu devia saber que você é muito observador.

— Obrigado, mas diga-me: o que observou até agora? Tem as respostas que preciso para colocar a El de volta nos trilhos, por assim dizer?

— Até agora, tem sido uma experiência muito interessante, Jack, devo confessar. E aprendi muito, mas não tanto quanto tenho certeza que descobrirei agora que podemos finalmente conversar. E, sim, tenho certeza de que podemos recolocá-la nos trilhos. Acho que vai ficar surpreso com o que descobri.

— Desde que seja uma boa surpresa. Por onde começamos?

— Bem, eu sempre gosto de começar fazendo perguntas. Está disponível para uma manhã de interrogatório ou tem que cuidar da loja?

— Sim, estou disponível. E não, não tenho que fazer nada. George e Elizabeth têm tudo sob controle, ao menos pelos próximos quarenta e cinco minutos.

— Era com George que você estava conversando? Como foi a conversa?

Jack olha para Carol pelo canto do olho.

— Foi bem. Não exatamente como eu esperava, mas cuidarei disso mais tarde. Agora, o que deseja saber?

— Bem, pelo que me lembro das informações prévias que você enviou, o número de clientes caiu significativamente, principalmente devido à mudança de uma grande empresa de um centro comercial próximo. Você não sabe se conseguirá se manter no negócio se não aumentar o número de

~ *Personalização* ~

clientes e não sabe qual deve ser o próximo passo a tomar. É uma avaliação razoável do seu problema?

— Sim. Acrescente alguns problemas com empregados e minhas próprias mazelas pessoais e estaremos no caminho certo.

— Você está no caminho certo de muitas outras maneiras, Jack, mais do que pensa. Tenho observado seus fregueses há dois dias e vi muitos clientes assíduos — gente que vem aqui duas ou três vezes ao dia, às vezes mais.

— Sim, acho que realmente temos clientes muito fiéis.

— Têm, sim. E isso está diretamente relacionado com o que direi em seguida, que, lamento informar, provavelmente soará um pouco como se tivesse saído de uma aula de administração básica. Mas ajuda a explicar o que está acontecendo à El Espresso.

— Uma aula, hein? Bem, vá em frente. Acho que posso voltar à escola por *alguns* minutos.

— Obrigada. No meu trabalho, lido com empresas de todos os portes, em todo o mundo, e o que temos visto recentemente é uma perda nítida e inexorável de fidelidade... tanto dos clientes quanto dos empregados — diz Carol. — Você certamente já ouviu os termos *rightsizing, downsizing e tightsizing,* envolvendo redução de tamanho, redimensionamento de atividades e corte de despesas, não?

Jack balança a cabeça, confirmando.

— Bem, são palavras sofisticadas das décadas de 70, 80 e 90 para as companhias dispensarem seus empregados. Como pode imaginar, um dos resultados foi a perda de fidelidade dos empregados. Nossos avós e nossos pais puderam se aposentar na mesma empresa onde conseguiram seu primeiro emprego. Puderam trabalhar trinta, quarenta, até cinqüenta anos na mesma organização, sempre com a certeza de seus salários, uma família de colegas de trabalho e uma aposentadoria. E, na maioria das vezes, eram tão ferrenhamente fiéis à empresa que tornavam tudo isso possível.

"O que as companhias que fizeram reengenharia nas últimas décadas *não* contavam era com a relação direta entre fidelidade do empregado e fidelidade do cliente. As empresas sabiam que sofreriam alguns golpes dos empregados dispensados, mas não contavam com a transposição da perda de fidelidade de seus empregados para os clientes. O que se constata é que os clientes são fiéis quando os empregados são fiéis; quando a fidelidade do empregado se esvai, a fidelidade do cliente também diminui. Quando os empregados são fiéis, eles agem de modo altruísta e abnegado. Ou seja, pensam primeiro no que é bom para a empresa, não no que é bom para eles. Quando os empregados *perdem* a fidelidade, é difícil para eles serem generosos com os clientes. Conforme os empregados se distanciam da empresa, tornam-se hostis. Então, deixam essa hostilidade transparecer na maneira como tratam os clientes e na maneira como falam da companhia.

Jack balança a cabeça outra vez, com um ar pensativo.

— Desculpe-me por toda essa história acadêmica, Jack, mas o que observei na El Espresso nos últimos dois dias mais parece lembrar os Estados Unidos da década de 1950 do que os anos 2000.

— E isso é bom?

— Ah, sim, Jack. Isso é ótimo! Posso dizer, pelo que vi e pelo que ouvi de seus clientes, que...

— Você conversou com meus clientes?

— Claro. Conversei pelo menos com trinta deles desde que cheguei.

— Acho que não sou tão observador quando pensava — diz Jack, um sorriso assomando aos lábios.

— Não seja duro demais consigo mesmo — diz Carol, rindo. — Você estava ocupado cuidando do seu negócio. De qualquer modo, o que observei é que essa fidelidade à El Espresso é provavelmente a principal característica de seus clientes. Eles não só adoram seu café, mas adoram *você*. Eles gostam tanto de você que o seguiram toda vez que mudou de ponto. Sei com certeza como conseguiu isso, mas só para ajudá-lo a compreender a sua empresa um pouco melhor, gostaria que tentasse me dizer por que acha que seus clientes são tão fiéis. O que, na sua opinião, faz com que se disponham a ficar na fila, do lado de fora, às vezes na chuva, para adquirir uma xícara de café que poderiam obter em qualquer uma das lojas das redes de cafés no outro lado da rua ou na outra esquina, onde poderiam ficar confortavelmente sentados e secos no interior da loja?

— Não foi uma coisa que eu tenha planejado, Carol. Eles simplesmente agem assim.

— Acho que é mais do que isso. Explique-me da melhor maneira que puder.

~ *Personalização* ~

— Bem, desde quando eu servia café a dez mil metros de altura, sei que meu modo de agir influencia o modo de agir dos meus passageiros. Se eu estivesse num dia ruim e deixasse transparecer para eles, eu recebia deles o mesmo tratamento que estava lhes dando. Se eu estivesse distante e indiferente, eles também se mostravam alheios e indiferentes. Se eu estivesse cansado ou aborrecido com alguma coisa que tivesse acontecido antes, de repente meus passageiros também estavam todos irritados e mal-humorados. Agora, tento não me distanciar dos clientes. Tento dar um atendimento pessoal.

— Como assim?

— Para mim, Carol, é muito simples. Trato meus clientes primeiro como amigos, não como clientes. Sempre imagino que é como na série de TV *Cheers*: todo mundo quer ser um cliente preferencial. Lembra-se, o tema musical da série diz alguma coisa sobre "... onde todos sabem seu nome"? Bem, uma coisa que sempre fiz foi aprender o nome dos meus clientes e também enfio isso na cabeça dos meus empregados como uma das coisas mais importantes que nos diferencia dos concorrentes. É surpreendente a diferença que faz tratá-los pelo nome.

— Então, você torna o atendimento pessoal aprendendo seus nomes, mas tenho certeza de que não é apenas isso.

— Claro. Memorizo o que gostam de tomar, de modo que nem precisem pedir. Não têm nem mesmo que dizer "o de sempre". Já sabemos o que é e já temos a bebida pronta para eles quando chega a sua vez na fila. Mas também fazemos questão de aprender alguma coisa sobre eles, como em que trabalham, o que gostam de fazer nas horas de folga, quantas pessoas há na família. Coisas desse tipo.

— Então, tenta criar uma ligação mais forte entre vocês procurando conhecer melhor os seus clientes?

— Não pensamos nesses termos, mas, sim, acho que tem razão.

— Como fortalecem essa ligação?

— De muitas maneiras — responde Jack —, mas como gostamos que o trabalho seja também uma forma de diversão, tento envolver os clientes. Às vezes, chego a criar a pergunta do dia no quadro de giz que você vê lá e pedir aos clientes que respondam. Mas nem todo cliente é um boa-praça, folgazão e expansivo, então respeito a vontade de se envolver ou não e não forço ninguém a participar. Mas ficaria surpresa de ver quantas pessoas correspondem seriamente se a gente puxa conversa. Lembra-se daquele programa de Art Linkletter, *As*

~ *Personalização* ~

*crianças dizem coisas incríveis?* Bem, por aqui nós o chamamos de "Os clientes da El Espresso dizem coisas incríveis". Quando as pessoas se sentem à vontade para falar, elas contam muita coisa. E quando as vejo de novo, tento retomar a conversa que tivemos antes, no dia anterior ou em qualquer outra época.

"O surpreendente é que, quando se tem esse relacionamento pessoal com os clientes, o dia passa mais rápido. Quando você serve seus amigos em sua casa, trata-os de modo especial, não é? Bem, o mesmo acontece quando os fregueses são amigos. Você se vê pensando no que eles gostariam de tomar e os trata de modo especial. E sabe de uma coisa? Eles também o tratam de forma especial.

— E isso os torna dispostos a ficar de pé na fila na chuva por uma xícara de café?

— Sim, acho que sim, porque certamente é o que eles fazem — responde Jack.
— Lembro-me de quando estava na faculdade e trabalhava para um parque temático. Todos os colegas de faculdade costumavam chamar os freqüentadores de "animais". Perguntavam: "Quantos animais temos no curral hoje?" Imagine, pensar nas pessoas como gado! Se eu ou meus empregados fizéssemos isso, acho que não conseguiria

~ Café expresso ~

chegar ao fim do dia... pensando em quantas xícaras de café ainda teria que preparar antes de poder ir para casa ou no que teria de fazer pelas centenas de "animais" de pé na fila, todos mugindo e urrando pelo que queriam. Que zoológico seria!

— Tornar o tratamento personalizado é uma grande estratégia, Jack. Quisera que mais companhias pensassem assim.

— Na realidade, nunca pensei nisso como uma estratégia, Carol. Apenas me pareceu o certo a fazer. Quando passei a ver os clientes como indivíduos e não como gado, quando passei a cumprimentá-los pelo nome, a conhecer um pouco de suas vidas, comecei a vê-los como amigos, como parte da família. E, sabe, percebi que comecei a me preocupar com eles e que eles também começaram a se preocupar comigo.

— Como consegue fazer com que seus empregados dêem um tratamento personalizado a seus clientes?

— Não tenho uma aula especial de treinamento para isso, nem um manual de instruções — responde Jack. — Acho que simplesmente acontece. No entanto, para começar, contrato pessoas que têm paixão: paixão pela vida, por café, pelas pessoas. Acho que enquanto estão por perto de mim aprendendo a preparar uma boa xícara, eles simplesmente captam a maneira de tornar o atendimento pessoal.

— Há uma outra coisa que vejo acontecer aqui, Jack. Quando dá um tratamento personalizado, e você e seus clientes começam a se conhecer melhor, o que faz é desenvolver uma comunidade de clientes, um grupo de pessoas que estão interligadas por diversas outras razões além do café, que é a razão central para estarem aqui. Sabemos, por exemplo, que quanto mais conexões existirem entre clientes e empregados, quanto maiores os laços, maior a fidelidade e maior o sucesso financeiro da organização. Quando há uma comunidade à qual os clientes pertencem, eles se tornam fiéis uns aos outros e à comunidade. E se houver um empreendimento no âmago da comunidade, como é o seu caso, o negócio colhe as recompensas da fidelidade que as pessoas têm à comunidade como um todo.

— Nossa, se é você quem diz! Não sabia que estávamos criando uma comunidade. Mais uma vez, nunca pensei sobre isso desta forma, apenas me parecia a coisa certa a fazer, então eu fazia. Mas, quer saber de uma coisa? Você tem razão a respeito dessa questão de comunidade. Temos até um casal que se conheceu na fila do café e acabou se casando. Esse é o tipo de comunidade que temos. E você sabe que provavelmente isso explica por que as pessoas andam quatro ou cinco quarteirões, passam por dez ou mais cafés pertencentes a redes, para comprar seu café conosco. É interessante, e nunca pensei nisso dessa forma antes de você falar em comunidade, mas lembra-se de quando, em 1999, a Organização Mundial do Comércio se reuniu aqui e houve todos aqueles tumultos nas ruas? Nós tínhamos agitadores, policiais e clientes habituais todos juntos na fila. O caos parecia fluir à nossa volta e não nos perturbar. Era quase como se a El fosse um oásis de sanidade oficialmente reconhecido em meio a todo aquele caos, uma comunidade da razão em um mundo enlouquecido. Se eu mesmo não estivesse aqui, não teria acreditado.

— Bem, Jack, embora não estivesse aqui, eu acredito. Quando você torna pessoal o relacionamento entre empregados e clientes, todos saem ganhando.

— E por falar em clientes, o que eles lhe disseram?

— A maioria só tinha elogios e muitas histórias boas para contar.

— A maioria, mas não todos? O que tinham a dizer? Especificamente?

— Gravei nossas conversas. Quer ouvir algumas?

— Manda ver!

~ ~

~ *Personalização* ~

**Pine Street com Fourth Avenue
Centro de Seattle
10:45**

— À medida que ouvir a fita, Jack, quero que identifique temas comuns no que estão dizendo. O que procuramos quando estamos desenvolvendo um plano para melhorar um empreendimento são idéias que funcionam, para podermos implementar mais dessas idéias. Depois, queremos identificar tudo que não funcionou tão bem, para poder modificá-las. Acho que conhece o primeiro cliente nesta fita, uma mulher chamada Sally Norton.

— Sally toma *cappuccino* desnatado. Eu lhe falei dela! A que se casou!

— Eu sei. Ouça.

Carol adianta a fita cassete para um número de contagem que ela lê em suas anotações em uma prancheta e aciona o botão para tocar a fita. A voz de Sally Norton, executiva de um banco de Seattle, é ouvida, os sons do centro da cidade evidentes ao fundo.

"Tornei-me cliente da EI em 82. Eu já havia provado alguns dos terríveis cafés 'internacionais' instantâneos que minha mãe costumava preparar com algumas mexidas e, francamente, não conseguia entender como as pessoas podiam tomar aquilo. Um dia, uma das minhas colegas de trabalho no banco levou um *cappuccino* da El e fiquei apaixonada. Sou freguesa há vinte anos. Eu os venho acompanhando por seis endereços. No entanto, a coisa mais importante que a El fez por mim foi me arranjar um marido."

Carol pergunta fora do microfone.

"Arranjar um marido?"

"Sim", Sally continua. "Durante várias semanas, em maio de 92, eu vinha notando aquele homem muito atraente que comprava um *ristretto*\* todo dia, mais ou menos à mesma hora em que eu vinha tomar meu *cappuccino* desnatado. Por fim, coincidiu de ficarmos juntos na fila. Começamos a conversar, ele perguntou se eu queria sair com ele e logo estávamos namorando. Para encurtar a história, nos casamos, e Dave e eu sempre comemoramos nosso aniversário de casamento aqui com Jack e a turma. Às vezes, não sei onde estaria agora se não fosse pela El. Enquanto estiverem no negócio, serei cliente deles."

---

\**Ristretto* é um café pequeno, mas muito forte. (N. da T.)

~ *Personalização* ~

Carol pára a fita, confere na prancheta e adianta a gravação.

— Parece que conquistou uma freguesa para toda a vida, Jack.

— Sempre que Sally encontra alguém novo na fila, ela conta essa história. Gosto de brincar com ela dizendo que já fez mais apresentações do que *A Chorus Line*.

— O próximo é David Nedleman, um advogado de seguros.

— *Latte* com baunilha — diz Jack imediatamente.

"Moro a duas quadras daqui", diz a voz de barítono da fita de Carol. "Sou vizinho da El. Vamos ter uma reunião de condomínio esta noite e preciso levar alguns dos biscoitos de pedacinhos de chocolate de Jack. Se aparecer sem eles, vou ouvir reclamações o resto da noite. Quando preciso ir ao tribunal, às vezes paro em uma dessas redes de cafés e sempre tenho de verificar se meu pedido está correto porque eles geralmente erram. Isso nunca acontece aqui. Não só eles sabem o que eu bebo, como meu pedido já está pronto quando chega a minha vez na fila. Tudo que tenho de fazer é pagar. Gosto de lugares onde as pessoas levam o trabalho a sério."

Carol, fora do microfone outra vez:

"Muita gente usa a palavra 'divertido' quando se refere à El, mas você usou a palavra 'sério'. O que quis dizer com isso?"

"Com 'sério' quero dizer prestar atenção aos detalhes. Essa é a essência do profissionalismo. No meu ramo, tenho que ser profissional o tempo todo, então já espero isso como uma coisa natural. Não me entenda mal, esse pessoal aqui sabe se divertir. Se não soubessem, seria como qualquer outro café. Assim, acho que o que estou realmente querendo dizer é que levam a sério a diversão no trabalho. E o trabalho deles é atender direito."

— Sabe — diz Jack enquanto Carol apronta o próximo trecho da fita que pretende tocar —, Dave falou sobre sua bebida já estar pronta. Procuramos nos antecipar e fazer isso para todo cliente. Mas devo admitir, Carol, que me preocupo de estar sendo presunçoso. E se alguém quiser uma bebida diferente naquele dia e eu já tiver preparado a de costume?

— OK, responda a sua própria pergunta, Jack. Se isso acontecesse, o que faria?

— Eu prepararia o que a pessoa desejava e daria o dela para alguém que estivesse passando, talvez um dos mendigos que temos por aqui.

~ *Personalização* ~

— Foi o que pensei — diz Carol. — Acho que vai reconhecer a voz seguinte como a de Mary Sue Springer.

— Um mocha desnatado, grande. Mary Sue é uma das melhores corretoras de imóveis da cidade.

"Esta é sempre a minha primeira parada do dia", Mary Sue diz, "e praticamente define a tônica do resto do meu dia. Moro no subúrbio e nos fins de semana tenho que tomar meu café em uma dessas cadeias de lojas. Eu as acho tão impessoais hoje em dia e sempre erram o meu pedido. É como se a garotada que trabalha nesses cafés não prestasse atenção ao que você diz. De qualquer modo, agem como se estivessem loucos para chegar ao fim do dia e são apenas nove da manhã. Quando venho à El, eles sempre sabem o que eu quero e são realmente cuidadosos com o que estão fazendo. Meu mocha é sempre exatamente como gosto. Quem me dera que Jack abrisse uma loja no meu bairro."

— Desculpe-me. Já tentei isso uma vez. Nunca mais — diz Jack, enquanto Mary Sue continua falando na fita sobre fidelidade e paixão.

"O que parece acontecer é que uma companhia começa com um bom produto e faz sucesso com ele, mas depois começa a se concentrar nos lucros, em vez de se concentrar no produto e no serviço. Graças a Deus isso não aconteceu aqui.

Tudo continua tão bom quanto sempre foi. Pessoalmente, atribuo isso à paixão que Jack tem por café. Sei que tenho paixão para vender imóveis e estar à altura do estilo de vida das pessoas se quiser ser bem-sucedida. Aqui é a mesma coisa. Não se engane, o café da El é o melhor. Mas se não fossem apaixonados em mantê-lo assim e em manter os clientes satisfeitos, em *me* manter feliz, há muito eu já teria ido embora. A vida é curta demais para gastar dinheiro com empresas que não se importam com você."

Ouviu-se a voz de Carol na fita, perguntando:

"Quanto de sua fidelidade é a Jack e quanto é à El? Em outras palavras, acha que a paixão de Jack contagiou toda a organização?"

"Sou fiel a ambos. Claro, a maior parte da paixão vem de Jack, mas também de sua mulher, Dianne, quando estava aqui. Mas a paixão que vejo agora impregna toda a empresa. Você pode percebê-la na devoção que todos os baristas* têm pelos clientes. Para eles, o cliente vem em primeiro lugar e a qualidade do serviço é essencial. Eu simplesmente me sinto em casa aqui."

---

*Barista é o especialista em café, conhecedor dos diversos tipos de grãos, do cultivo, dos diferentes métodos de beneficiamento, dos chamados cafés especiais e da arte de preparar, servir e apreciar um bom café. (*N. da T.*)

~ *Personalização* ~

— Em seguida, temos Melissa Crosby — Carol diz a Jack.

— *Latte* normal e chocolate quente para sua filha, Katie.

"Para mim, a razão de eu vir aqui é que tudo é do jeito que eu gosto", diz Melissa. "O *latte* é perfeito e sei os nomes de todo mundo atrás do balcão. Sei até o nome de muitas das pessoas que esperam na fila comigo. Gosto do fato de saberem meu nome e saberem o que gosto de beber. Isso me deixa à vontade. Se eu não começar meu dia na El, minha rotina é estragada e meu dia todo está arruinado."

— Não sei se ela lhe disse — comentou Jack —, mas Melissa importa antiguidades chinesas e ela e a família passaram muitos anos em Hong Kong. Ela disse que o gosto por um bom café que começou aqui em Seattle já se espalhou pelo mundo todo. E alega que tudo começou com a El Espresso.

— Como isso o faz se sentir? — pergunta Carol.

— Bem, se for verdade, fico um pouco espantado.

— E se não for? — pergunta Carol, com cuidado.

— Bem, nesse caso, simplesmente vamos ter que nos empenhar mais.

— Para ser honesta, há algumas áreas em que seus clientes sentem que poderiam se beneficiar deste empenho. Felizmente para você, a próxima entrevista não é representativa da maioria de seus clientes, mas aponta alguns problemas que já identificou. Este é David Green.

— Sinto muito. Não o conheço.

Carol aciona o botão para tocar a fala de David e recosta-se para observar as reações de Jack.

"Gosto muito do café. É por isso que eu volto, embora o serviço seja um pouco inconsistente."

Ouve-se a voz de Carol fora do microfone.

"E há quanto tempo você vem aqui?"

"Comecei como guarda de segurança naquele prédio ali há pouco tempo... o quê? Quatro meses? Geralmente venho de manhã. Nunca se sabe de que tamanho a fila estará. E às vezes

~ *Personalização* ~

a pessoa que prepara o meu café parece estar longe dali. Às vezes, erram o meu pedido."

A voz de Carol pôde ser ouvida outra vez.

"Mas ainda assim você sempre volta?"

"Sim, é conveniente e o café é bom. Mas vai abrir um novo café a uma quadra na outra direção do prédio onde trabalho e, quando abrir, vou experimentar. Gosto do café daqui, mas não é o único café por perto."

Carol pára a fita e começa a guardar sua prancheta e desligar o gravador.

— Devo dizer que várias outras pessoas também mencionaram serviço inconsistente pela manhã.

Jack suspira.

— Acho que eu já sabia disso.

Carol olha para a El e depois de novo para Jack.

— Não se esqueça que ao ouvir a opinião dos clientes o mais importante é prestar atenção naquilo que faz bem e fazer planos para continuar agindo assim. Depois, deve registrar o que não fez tão bem e fazer planos para melhorar. Se você se concentrar apenas nos pontos negativos, estará prestando um grande desserviço a você mesmo e a seus empregados.

Jack sacode uma poeira imaginária dos joelhos e levanta-se.

— Bem, sem dúvida é matéria para se pensar. Muito bem. Agora que terminamos com o *feedback* dos clientes, posso oferecer-lhe um *latte* duplo?

Carol sorri.

— Eu gostaria disso, Jack. Gostaria muito.

# PRODUTO

## Ninguém está disposto a pagar bem por um café ruim

*O uso do café provavelmente irá se expandir muito — como em outros países, pode se difundir entre a massa da população e se tornar um ingrediente importante em sua alimentação diária.*

Benjamin Moseley, 1785

**El Espresso**
**Pine Street com Fourth Avenue**
**Centro de Seattle**
**Meio-dia**

~ *Café expresso* ~

— Sabe sobre o que eu gostaria de conversar agora? — Carol Wisdom pergunta, o remanescente do fumegante *latte* duplo em suas mãos.

— O quê? — pergunta Jack.

— O café. O produto que você vende.

— Então, você veio ao lugar certo. Dizem que algumas pessoas não conhecem café, mas eu conheço. Posso falar durante horas sobre café, se você quiser.

— Acho que posso ouvir enquanto puder falar — diz Carol. — Se não se importa, vou gravar isto para as minhas anotações.

— Sem problema. Vejamos. Grãos de café. Por onde devo começar?

— Que tal isto? Ainda usa hoje o mesmo tipo de grãos com que começou?

— Boa pergunta. Acho que ninguém nunca me perguntou isso antes, mas a resposta é não. Quando Dianne e eu compramos a El Espresso, compramos o pacote completo... o carrinho, as xícaras, os fornecedores, os procedimentos, tudo. À medida que começamos a aprender como funcionava o negócio e a compreender as nuances, ficamos suficientemente

~ Produto ~

confiantes para fazer mudanças. Não mudar apenas por mudar, veja bem, mas mudanças que achávamos que iriam aprimorar a fórmula do produto e, por fim, o próprio negócio. Assim, a primeira coisa que fiz foi pesquisar a respeito de grãos de café. Li tudo que pude sobre o assunto e depois pedi ao nosso fornecedor que nos vendesse diferentes tipos de grãos. E experimentávamos. Nós os torrávamos por mais tempo, em diferentes temperaturas, e moíamos em diferentes níveis de refinamento. Primeiro, experimentávamos só entre nós, depois com amigos que conhecem um bom café, depois com alguns dos nossos melhores fregueses. Em seguida, apresentávamos um novo produto, para podermos introduzir os novos grãos na mistura, por assim dizer. Dessa forma, não precisávamos fazer uma mudança drástica e que não tivesse sido testada. Diferentemente do que a Coca-Cola fez quando tentou substituir a Coke tradicional pela New Coke.

— Lembro-me disso. A Coca-Cola estava tentando superar a Pepsi nas vendas mudando seu produto, de modo que tivesse um sabor mais parecido com o da Pepsi, como a pesquisa entre os jovens americanos mostrou que deveriam fazer

— Sim, mas esqueceram-se de perguntar a você e a mim o que preferíamos. Acho que já nem produzem mais a New

Coke. Bem, Dianne e eu não queríamos que algo semelhante acontecesse a nós. Assim, encontramos maneiras de fazer mudanças e apresentar novos produtos que eram menos gritantes e que tinham a chance de gerar seguidores e criar uma propaganda boca-a-boca. Foi assim que nosso *latte* com creme tostado nasceu. Hoje, é uma das bebidas pelas quais somos famosos — Jack diz com uma ponta de orgulho.

— Você conseguiu encontrar grãos melhores?

— Pelo modo que conseguimos aumentar nossas vendas e manter nossa clientela, diria que sim. Não que tenha sido fácil, veja bem. Levamos algum tempo para descobrir os melhores grãos para cada bebida e a aprender a torrar e moer cada tipo da forma correta. Mas não foi só isso. Tivemos que aprender a preparar a xícara perfeita. Isso significa a quantidade certa de grãos com a quantidade certa de água na temperatura certa para resultar no café mais aromático e saboroso. Ao mesmo tempo, decidimos que uma xícara perfeita na El seria sempre preparada com duas medidas de café. Dessa forma, nosso café seria sempre duas vezes melhor do que o do concorrente.

— O que acho interessante é que a parte mais difícil não foi encontrar a maneira *certa* de fazer tudo isso.

~ Produto ~

— Não foi? — disse Carol, obviamente surpresa. — Então, o que foi?

— Manter. Ser consistente. Para que, independente de quando você venha à El Espresso e independente de eu estar aqui ou não para tirar o seu café, ou se for a Elizabeth, você terá exatamente a bebida que espera. Exatamente como se lembra dela. Exatamente a mesma experiência que a faz desejar voltar sempre: xícara após xícara, dia após dia, ano após ano.

— Assim, se o estou ouvindo corretamente, ter o produto certo é uma combinação dos grãos certos, de saber tirá-los da forma correta e de treinar seus empregados para preparar cada bebida sempre da mesma maneira.

— Não só isso — acrescenta o proprietário da El rapidamente. — Você precisa ter o tipo certo de empregados, o ambiente certo, o preço certo, a fórmula certa do produto, o tipo certo de clientes e o ponto certo.

— Ou, no seu caso, os pontos certos, *no plural*. Você se mudou, quantas vezes, seis? E seus clientes o seguiram toda vez que se mudou. O produto certo? O serviço certo? Ou os empregados certos?

— Isso mesmo. Tudo isso. Tenho certeza de que sabe que um produto ruim anula um bom serviço, que um produto fraco afasta os clientes. E nem o melhor serviço pode superar um produto ruim. Se eles não tiverem uma boa xícara de café, não vão querer pagar bem por ela.

— O inverso também é verdadeiro, sabe. Um serviço ruim pode afastar os clientes de um bom produto.

— Absolutamente certo — diz Jack. — Não resta a menor dúvida de que o nosso sucesso é resultado de uma combinação de vários fatores. Tenho certeza de que se não servíssemos um excelente café, que alguns dizem ser o melhor de Seattle, já estaríamos fora do ramo há uns quatro endereços atrás. Com todos os bons cafés da cidade, teríamos perdido nossos clientes para eles no momento que tentássemos vender uma xícara de café mal tirada. É por isso que faço questão de que tenhamos padrões e que todos os mantenham. Quando o preço dos nossos grãos aumenta no atacado, por exemplo, não mudo para grãos mais baratos apenas para manter o mesmo preço da xícara no varejo. Ou eu mesmo absorvo o aumento ou, se for um aumento significativo, repasso aos clientes. Mas, é claro, colocamos todo tipo de cartazes e avisos explicando o aumento de preço. Mas, sabe de uma coisa? Os clientes não se importam se o preço subir, desde que a qualidade se

~ *Produto* ~

mantenha consistente e que eu lhes diga *por que* o preço subiu!

— O que você está dizendo é exatamente o que vivo repetindo a todos os meus clientes — diz Carol.

— Você diz a eles como comprar grãos de café?

— Não, Jack. O que eu quis dizer é que digo a eles que, se quiserem ter sucesso nos negócios, o primeiro passo é aplicar os preceitos básicos corretamente. No seu caso, os preceitos básicos começam com o produto, o café. Quando você começou com a El, você tinha paixão por café. Hoje, você ainda conserva essa paixão, mas agora ela também inclui a extração perfeita.

— Não havia pensado nisso nesses termos, mas tem razão.

— Seus clientes, seus fregueses, permaneceram fiéis porque você nunca abriu mão da qualidade — continua Carol. — Mais do que isso, você sempre teve um espírito de diversão, que por sua vez criou uma comunidade. E a comunidade cria e mantém a fidelidade. Portanto, como vê, o relacionamento que os clientes têm com a El Espresso aumenta seus sentimentos em relação à qualidade do produto. É um ciclo que se reforça continuamente: enquanto adorarem vir aqui e enquanto o produto mantiver seus altos padrões, seus sentimentos pela El continuarão crescendo, começando a assumir proporções míticas. Na mente deles, simplesmente não existe café como o seu. Mas deixe a qualidade do produto decair e de repente já não é tão divertido e sua clientela começa a experimentar o café de outros lugares, em busca da xícara de café mítica que sentem que já não podem conseguir aqui.

— Isso é bem verdade. Dianne e eu temos vários restaurantes favoritos que paramos de freqüentar porque mudaram alguma coisa... o *chef*, os fornecedores, alguma coisa... e a comida simplesmente já não era a mesma. Finalmente, deixamos de ir lá. Às vezes, nem é uma decisão consciente, simplesmente paramos de ir — diz Jack, distraído em suas recordações pessoais.

— É isso que acontece quando se deixa a qualidade decair: as empresas perdem negócios. Durante anos, os comerciais de televisão da Ford usaram o *slogan* "Qualidade é a tarefa n° 1", para reforçar seu conceito exclusivo de *marketing*. A realidade é que é assim que *todos* deviam pensar sobre qualidade. É a tarefa n° 1. Nos novos ambientes de trabalho de hoje em dia, o controle de qualidade já não é responsabilidade de uma única pessoa ou de um único departamento. Não é mais a responsabilidade do diretor de qualidade do produto. É de todo mundo. Estudos demonstram que os negócios mais bem-sucedidos são aqueles em que os empregados assumem o controle da empresa, têm de prestar contas e assumir a responsabilidade não só por seus atos, mas pela qualidade e consistência do próprio produto.

— Tudo tem a ver com o produto, não é? — comenta Jack.

Carol recosta-se na cadeira.

— Sim e não. Não há muita coisa na vida que possa existir de forma independente, e parece que os conceitos, as pessoas e os negócios mais bem-sucedidos são interdependentes, estão de certa forma ligados, de modo que uma mudança em uma área acarreta uma mudança nas outras. No caso do produto, há uma correlação interessante entre qualidade e fidelidade do empregado e você sabe pela nossa conversa anterior como isso também se traduz em fidelidade do cliente. Estudos comprovaram que, conforme a qualidade do produto aumenta, também aumenta a fidelidade do empregado. Empregados que se orgulham do produto que fabricam ou do serviço que oferecem gostam de ir para o trabalho todos os dias. Ficam aguardando o novo dia de trabalho. E como sabemos, quando temos entusiasmo pelo que fazemos, trabalhamos melhor. E trabalho melhor cria resultados de maior qualidade. Assim, o ciclo ocorre mais ou menos assim: alta qualidade do produto gera alta fidelidade dos empregados, que se traduz em grande entusiasmo, que gera melhor qualidade de trabalho, que se traduz em maior qualidade do produto.

— Mais aula de administração básica? — pergunta Jack, sorrindo.

— Certo — responde Carol, devolvendo o sorriso. — Eis a moral da história. A mensagem para o empresário é a seguinte: seja apaixonado pela qualidade do seu produto, louve essa qualidade em palavras e ações e seu pessoal também será apaixonado pelo trabalho. Para os empregados a mensagem é: tenha orgulho do seu trabalho e do que você produz e tornará o seu ambiente de trabalho mais agradável.

— Puxa! Tudo isso de uma única xícara de café. Quem poderia imaginar? — diz Jack, ironicamente.

— Pois é, quem diria? — replica Carol, bebendo o restante da espuma de seu *latte*.

# *O FOCO DA INTENÇÃO*

## *Se você não vê para onde está indo, não vai saber quando chegar lá*

Café: escuro como breu, forte como a morte, doce como o amor.

Provérbio turco

**El Espresso**
**Pine Street com Fourth Avenue**
**13:30**

A agitação da hora do almoço terminou. Jack está ajudando George e Elizabeth a arrumar enquanto ele e Carol aguardam a chegada da mulher de Jack. Oficialmente, Dianne vem entregar suprimentos para a El Espresso. Na realidade, ela fez com que sua visita coincidisse com a presença de Carol para se certificar de que ela ouvisse todos os lados da história.

Dianne não acredita muito em contratar um consultor de empresa porque imagina que o consultor recomendará a expansão de suas operações a novos pontos, num esforço para melhorar a receita e o fluxo de caixa. Quando Dianne chega com um carro de mão cheio de caixas, a preocupação é visível em seu rosto, um fato que Carol aborda antes mesmo de Dianne ter a oportunidade de falar.

— Oi, Dianne. Sou Carol Wisdom. Jack vai cuidar dos suprimentos para que você e eu possamos conversar sem interrupções.

— Ah, ótimo. Obrigada, Jack. Deixe-me tirar dois *lattes* e poderemos conversar. Passei o dia todo esperando por isso.

— Na verdade, vou mudar para chocolate quente, se não se importar — diz Carol. — Ouvi dizer que também é fantástico.

— Ah, é mesmo. Você não é da cidade do café. Não está acostumada a toda a cafeína que consumimos — diz Dianne, rindo.

Quando as bebidas ficam prontas, as duas mulheres dirigem-se a um dos bancos de concreto — onde os mensageiros de bicicleta do centro de Seattle se reúnem diariamente pela manhã — e começam a conversar.

— Percebi, por algumas das coisas que Jack mencionou, que você está um pouco apreensiva com minha presença aqui. Há alguma coisa que eu possa fazer para que se sinta mais confortável sobre o nosso trabalho? Sei que desempenhou um papel crucial neste negócio e suas informações são essenciais.

— Obrigada, Carol. Acho que apreensiva é a palavra certa. É que não sabia quais seriam as suas sugestões.

— Desde que não incluam expansão, não é?

Dianne diz, o alívio estampado no rosto:

— Então, você sabe?

— Sei que em 1991 vocês tentaram a expansão com resultados nada favoráveis. Por que não me conta os detalhes?

— OK. Não sei se você se lembra da situação econômica em 91, mas o país atravessava uma leve recessão, embora não se pudesse dizer isso com base em nossas vendas, que na verdade cresceram substancialmente na década de 90. A cadeia

~ *Café expresso* ~

Starbucks deu o salto de uma loja de torrefação e venda de grãos de café no Mercado Municipal para uma série de pequenas lojas que vendiam café para viagem. Nós já estávamos no ramo há mais de dez anos e nossos clientes tinham medo que a nova concorrência da Starbucks nos tirasse dos negócios. Na verdade, acho que nos ajudou.

— Como assim? — pergunta Carol, tomando um pequeno gole de seu chocolate quente.

— Com mais pontos servindo café de alta qualidade com preço alto, as pessoas acostumaram-se à idéia de pagar mais por um café de qualidade. E a qualidade de nosso café já era tão boa, que não perdemos ninguém para a concorrência. Na verdade, acho que tiramos alguns fregueses deles.

— E por que isso aconteceu?

— Bem, para ser franca, acredito que o nosso café é o melhor que se pode comprar, nosso pessoal é melhor e todo o ambiente é simplesmente mais agradável na El. Sabe?

— Acredite-me, eu sei.

— Bem, de qualquer forma, estávamos indo muito bem — continua Dianne. — Lembre-se de que nós funcionávamos em um carrinho na entrada do Monorail e as pessoas haviam se acostumado a comprar seu café conosco no caminho para o trabalho. Estávamos sendo notados por todo tipo de pessoa e começávamos a ganhar prêmios de revistas e na televisão. Estávamos sempre em primeiro lugar nas pesquisas entre os leitores dos jornais para o "Melhor Café de Seattle". Muita gente aparecia para experimentar nosso café e havia espaço para todo mundo naquela época. Ainda há, na verdade.

— Parece que tudo estava caminhando de acordo com o plano.

— Bem, isso era um problema, de certa forma. Não tínhamos um plano. Estávamos apenas seguindo em frente, um dia de cada vez, ganhando o suficiente para as nossas necessidades e uma pequena economia. Ganhamos o bastante para comprar nossa casa em Bainbridge, de modo que acho que estávamos indo muito bem. E quando uma freguesa antiga nos procurou com um plano de expansão, ficamos lisonjeados. No entanto, como não tínhamos uma visão clara de nosso negócio, não sabíamos como avaliar nossas opções adequadamente.

— E o que fizeram?

— Expandimos. Veja, essa cliente tinha vivido muitos anos na Europa e realmente entendia de café. Ela sempre nos dizia que o nosso era o melhor que já provara. No decorrer de alguns meses, ela nos convenceu de que a única maneira de continuarmos no ramo diante da rápida expansão da Starbucks era expandirmos também. Como nosso café era muito superior, ela dizia, tiraríamos clientes deles sempre que nossas lojas ficassem frente a frente. Realmente tivemos alguma experiência nessa época em administrar com sucesso várias operações porque havíamos iniciado o quiosque de expresso original na Nordstrom na época do Natal. Provavelmente ainda estaríamos administrando aquele ponto até hoje se eles não tivessem visto como estávamos indo bem e resolvido administrá-lo por si mesmos. De qualquer modo, quando ela elaborou esse plano de trabalho que previa dezenas de pontos, tínhamos certeza de que seríamos capazes de lidar com eles sem comprometer os valores do negócio ou a qualidade do produto. Além do mais, não é isso que se espera que você faça quando sua empresa faz sucesso? Crescer? Expandir?

— Parece ser realmente o que as pessoas pensam — concorda Carol. — Como se saíram?

— Bem, começamos com mais dois carrinhos fora do centro da cidade. Ganhávamos dinheiro, mas detestávamos aquilo! Na verdade, Jack considera a experiência toda um fracasso.

— Não diria que realmente tenha sido um fracasso — diz Jack, sentando-se ao lado de Dianne, todos os suprimentos guardados em seu minúsculo espaço —, mas certamente não é algo que gostaria de fazer outra vez. Foi uma época difícil. Dianne administrava nosso ponto principal e eu passava o tempo cuidando dos novos negócios. Estava sempre contratando e treinando novos empregados, supervisionando novos pontos, fazendo malabarismos com os pagamentos de empréstimos e tentando me assegurar de que o café permanecesse com a mesma qualidade enquanto os negócios se expandiam.

— Jack detestava ser o gerente — acrescenta Dianne. — Sentia falta dos seus fregueses de todo dia, detestava a perda de tempo indo e vindo entre os pontos e passava tantas horas do seu dia treinando pessoal, que sentia como se já não estivesse no negócio de servir café a amigos. Ele realmente detestava a coisa toda.

— E o que aconteceu? — pergunta Carol a Jack.

— Finalmente, vendemos nossos carrinhos a pessoas que só queriam ter seu próprio negócio; depois, enfiamos o rabo entre as pernas e nos restringimos a operar um único ponto em um único local. Talvez não tenhamos sido tão bem-sucedidos quanto poderíamos ter sido, mas posso lhe assegurar que estamos muito mais felizes hoje em dia.

~ *Café expresso* ~

— Essa história não é absolutamente incomum, pessoal — diz Carol. — Não fiquem tão abatidos. Vocês não foram derrotados. Seus problemas não eram de fracasso *versus* sucesso, seus problemas eram de intenção *versus* oportunidade. E tentaram fazer tudo sem um plano.

— Nossa sócia *tinha* um plano de negócios — diz Dianne, num tom defensivo.

— Não é desse tipo de plano que estou falando. Estou falando de um plano estratégico. Para vocês dois, para a própria El. Veja, se você não sabe para onde está indo nos negócios ou na vida, ou o que deseja que aconteça ao longo do caminho, não pode decidir com eficácia o que fazer em seguida ou mesmo se está no caminho do sucesso. Sem um plano, não é possível determinar com precisão o que é o sucesso. Só podem julgar seus resultados analisando-os com base em suas intenções.

— Sabe — diz Jack, um brilho de compreensão nos olhos —, quando estávamos expandindo, algumas pessoas achavam que *aquilo* era sucesso.

— Mas não para você, certo?

— Certo. Não para mim. Eu detestava aquilo. Para mim, *não* passar o tempo preparando um ótimo café e conversando com meus fregueses parecia um fracasso.

— Essa é a chave — explica Carol. — Antes de ser bem-sucedido em seu trabalho, você tem que definir para si mesmo o que sucesso significa para você. Cada um de nós pode definir o sucesso de forma diferente, entretanto sempre usamos o mesmo parâmetro para medi-lo. Não é justo. No seu caso, sucesso significava criar um negócio que lhe permitisse continuar a realizar todos os dias aqueles elementos de sua carreira de comissário de bordo que eram mais gratificantes. Em outras palavras, fazer um ótimo café e transformar os passageiros, ou clientes, em amigos.

— E, é claro — acrescenta Dianne —, ganhar dinheiro suficiente para se manter vivo e aproveitar a vida.

— Claro. Muitas das pessoas de maior sucesso concluíram que se não têm a sorte de ganhar a vida fazendo o que mais gostam, é melhor aprender a amar o que estão fazendo para ganhar dinheiro suficiente para fazer o que realmente gostam. É como aquela música de Crosby, Stills and Nash que diz: "Se não pode estar com a mulher que ama, ame aquela com quem está."

— Sabe — diz Jack, os olhos fixos na fila crescente de pessoas aguardando para adquirir seu *latte* da tarde na El —, andei pensando em expandir o negócio.

— O quê?! — exclama Dianne, quase caindo do banco.

— Calma, Dianne. Não foi isso que quis dizer. Eu quis dizer que tenho pensado sobre a *necessidade* que os empresários parecem ter de expandir. E acho que aprendi uma coisa, ao menos a meu respeito.

Dianne suspira e lança em sua direção aquele olhar que quer dizer "OK, conte-me". Jack percebe e continua:

— Quando você é bem-sucedido naquilo que vem fazendo, e não resta a menor dúvida que éramos extremamente bem-sucedidos, você quer compartilhar esse sucesso com mais e mais pessoas. Parece uma coisa fácil. E, é claro, há aquela expectativa de aumentar sua renda com o que parece ser um esforço mínimo. Assim, as pessoas no meio empresarial buscam fazer suas companhias crescerem por meio da expansão: lojas maiores, em maior número. Para mim, essa não era uma opção viável. O que acontecia é que eu estava passando muito tempo trabalhando *para* a empresa, ao invés de trabalhar *nela*.

— O que é exatamente o tipo de comportamento que você deseja incentivar quando está *tentando* fazer o empreendimento crescer — acrescenta Carol. — Passar mais tempo trabalhando *para* a empresa do que *nela*.

— Exatamente! — exclama Jack. — Mas adoro botar a mão na massa, adoro o dia-a-dia. Não posso abrir mão disso. Gosto de trabalhar *na* empresa. E embora eu tenha o espírito empreendedor que gosta de abrir e administrar o próprio negócio, *não* sou um empresário.

— Não é? — pergunta Dianne

— Não, não é — diz Carol. — Esperava que compreendesse isso, Jack.

— Se Jack Hartman, o homem que tornou *latte* um termo popular em todos os lares americanos, não é um empresário — questiona Dianne —, quem será, então?

— Sou o proprietário de um pequeno negócio — responde Jack de imediato. — Não é absolutamente a mesma coisa. Eu amo o que faço e faço isso bem. Mas não quero crescer e não quero montar um negócio. Não faço a menor idéia de como iniciar alguma outra coisa, nem agora nem nunca. Os empresários adoram a fase de implantação e a confusão e o desafio que vêm juntos. O que eu gosto é de trabalhar com pessoas e manter o negócio. Pense nisso, Dianne. Estou fazendo a *minha* expansão... o compartilhamento do nosso sucesso... ajudando outras pessoas a começar e administrar os seus próprios cafés. É a minha versão de expansão.

— Sim — concorda Dianne —, quando David quis montar seu próprio negócio, você o ajudou a começar. Maria seguiu sua paixão por café até a Europa e você lhe deu todo tipo de orientação. E toda vez que outra pessoa abre um negócio na rua, até mesmo concorrentes, Jack é sempre o primeiro a ir lá oferecer apoio e sugestões, se estiverem interessados. Faz sentido.

— Acho que há lugar tanto para grandes quanto para pequenas empresas no ramo das cafeterias nesta cidade — diz Jack. — Na realidade, acho que há espaço para grandes e pequenas empresas em *qualquer* negócio em *qualquer* cidade, se cada uma operar de maneira certa e permanecer fiel a suas intenções.

— Você tem razão quanto a essa questão de tamanho, Jack — diz Carol. — Lembra-se quando o Rally's Hamburgers começou há alguns anos? Eles decidiram que McDonald's, Burger King e Wendy's haviam esquecido de suas origens: *hamburgers* para pessoas literalmente correndo. Assim, construíram pequenas lojas *drive-through* ao lado de seus concorrentes gigantes e ofereceram *hamburgers, cheeseburgers, milkshakes* e batatas fritas mais baratos. E olhe para eles hoje, uma empresa pequena que está operando com sucesso na sombra das maiores cadeias de *fast-food* do país.

— Mesmo essa é grande demais para mim — Jack observa. — Só quero uma loja. Mas ajudo qualquer outra pessoa que também queira ter uma. Esta é a minha versão de expansão: manter as coisas simples. Deixar que cada um tenha a sua parte nos lucros. Trabalhar o suficiente para ganhar dinheiro, mas reservar tempo suficiente para fazer outras coisas de que gosta. Amar o que faz e fazer o que ama. Compreender o que o faz feliz e seguir nessa direção. Para mim, esses são os segredos do sucesso no trabalho, quer você tenha um negócio ou seja uma das pessoas que ajudam a tocá-lo.

— Não sei se foi a cafeína que consumi nos últimos dias, a conversa com vocês ou as entrevistas com os clientes — diz Carol, um brilho introspectivo no olhar —, mas estou começando a ver um padrão aqui. Me dêem alguns minutos, e outro *latte*, e deixe-me ver se consigo sintetizar o que aprendi.

— Ótimo, eu preparo — diz Jack, dando um salto do seu lugar no banco.

— Não, seu tolo — diz Dianne com um jeito brincalhão —, é a minha vez de tirar o café.

— Como quiser, menina. Como quiser.

## OS QUATRO Ps

*Grandes lições de uma pequena xícara de café*

*Ó café, tu dissipas todas as inquietações;*
*tu és o objeto de desejo do sábio.*

Poema árabe

**El Espresso**
**Pine Street com Fourth Avenue**
**Centro de Seattle**
**15:00**

Jack e Dianne Hartman estão atarefados arrumando coisas que não precisam ser arrumadas e ajudando os empregados Anne Martin e Deirdre O'Neill a preparar e servir café para

~ *Café expresso* ~

a interminável fila de clientes. Carol, com outro *latte* a seu lado, está sentada no banco consultando suas anotações, ouvindo a fita da gravação de fregueses e empregados da El e digitando em seu *laptop*. Pelo sorriso em seu rosto e o periódico balançar da cabeça, é evidente que está satisfeita com os resultados de seus três dias de trabalho de campo na El. Finalmente, Carol fecha seu computador e acena para Jack e Dianne, chamando-os.

Carol começa.

— Bem, se vocês se lembram, minha primeira pergunta sobre a El Espresso foi: "Por que os clientes estão dispostos a ficar em pé na fila, com chuva ou com sol, para comprarem seu café?" Bem, depois de conversar com vocês hoje e com os clientes ontem, acho que finalmente tenho as respostas.

— E essas respostas vão nos ajudar a substituir os clientes que perdemos? — Jack quer saber.

— Acho que sim — responde Carol, ao começar a expor o que descobriu sobre como e por que a El Espresso faz tanto sucesso.

— Deixe-me começar dizendo que a El Espresso tem sido bem-sucedida por causa de vocês dois e do seu trabalho árduo, intuição e paixão. Tudo que fizeram e as razões por trás de suas ações são os responsáveis pela reputação e crédito que possuem na comunidade.

— Isso é ótimo — diz Jack. — No entanto, como é que não sabemos quais são essas ações? Sendo idéias nossas, por que não são óbvias para nós?

— Quando uma pessoa vivencia alguma coisa com tanta intensidade quanto vocês dois, nem sempre é fácil afastar-se e ver o que está sendo feito. Como consultora, tenho a vantagem e a oportunidade de observar o trabalho de vocês, fazer-lhes perguntas e trazer um ponto de vista imparcial à situação. Só porque vocês talvez não possam expressar esses princípios no momento não significa que não sejam verdadeiros ou que vocês não os usem inconscientemente todos os dias ou que não estejam sendo praticados até mesmo enquanto estamos aqui conversando. É isso que caracteriza os princípios universais: eles funcionam quer você acredite neles ou não.

Jack e Dianne sentam-se um de cada lado da consultora como suportes de livros e ouvem o que Carol Wisdom tem a dizer.

— Para ver o que vocês têm de fazer para recuperar o que perderam desde que a empresa pontocom se mudou, precisam, antes de tudo, saber o que fizeram para o sucesso do negócio. Em geral, o segredo do sucesso nos maus momentos é, para começar, fazer o que foi feito antes e que propiciou os bons momentos. Para descobrir isso para um cliente, a primeira coisa que faço é verificar o que mudou além da aparente causa imediata da queda nos negócios.

— Como vocês começaram há mais de vinte anos, mudaram de ponto várias vezes. Para a maioria das lojas de varejo, especialmente aquelas como a El, que dependem da conveniência da localização para que o tráfego de clientes seja direcionado diretamente para elas, bastaria isso para liquidar o negócio. Mas tal não ocorreu. Na realidade, toda vez que mudou de ponto, não só os seus fregueses habituais os seguiram, como angariaram novos clientes no novo endereço também. Portanto, descartei a localização como problema. Outro problema em potencial são os empregados. Desde que começaram, tiveram quase cinqüenta. Como em muitas empresas de serviços, seus empregados são um vínculo direto com os clientes. Não só os maus empregados podem prejudicá-los, os bons também podem.

— Como empregados bons podem nos prejudicar? — pergunta Dianne.

— Quando uma empresa que presta serviços confia demasiadamente em que seus empregados sejam tudo para o cliente, como, por exemplo, um restaurante que gira em torno de um *chef* famoso, e esse ícone da empresa vai embora, é remanejado ou abre um negócio concorrente, a empresa original pode perder clientes para esse empregado ou até mesmo deixar de existir. No seu caso, não só bons empregados foram embora e abriram firmas concorrentes, como você até os ajudou. Mesmo assim, sua empresa manteve a fidelidade da clientela. Portanto, também não foi a troca de empregados.

"Em seguida, examinei o que não mudou. E embora haja muitas coisas que de um modo geral não mudaram ao longo dos anos, destilei os elementos principais em cinco áreas: Paixão, Pessoas, Personalização, Produto e Intenção.

— Talvez possamos chamá-las de "Os Quatro Ps" —, diz Dianne, gracejando. — Ah, já sei! "O Foco da Intenção".

— Muito bem, Dianne — diz Carol. — Assim talvez fique mais fácil lembrá-las. Portanto, o primeiro P seria de Paixão. Ambos a possuem. Têm paixão por café, paixão pelo negócio e paixão em satisfazer as pessoas. Se não a tivessem, teria sido difícil, senão impossível, manter a consistência que conseguiram alcançar, mesmo durante os tempos difíceis que vêm atravessando ultimamente.

Jack permaneceu em silêncio, meditando no comentário.

— Quando as pessoas fazem o que amam, sentem que o modo como ganham a vida não é realmente um trabalho, é diversão. Quando você ouve o seu coração, descobre sua fonte particular de energia positiva. Foi o que fizeram quando compraram a El. O resultado foi que começaram a edificar seu trabalho em torno de sua paixão. E a sua visão do negócio... sua intenção... foi resultado direto de sua paixão. Vocês sabiam que queriam preparar a xícara de café perfeita e ensinar as pessoas a amarem isso tanto quanto vocês. O que na realidade estavam fazendo era compartilhar sua paixão, transmitindo-a a seus clientes e empregados. Construíram um clima em que vocês, seus fregueses e seu pessoal podiam se expressar e compartilhar suas paixões, primeiro pelo café e depois sobre vocês mesmos e o mundo à sua volta. Quando você permite que a paixão seja o centro do seu trabalho, o trabalho se torna diversão. E quando o trabalho é divertido, ele se transforma em sucesso.

— Tenho algumas perguntas sobre isso — diz Jack —, mas vamos em frente. Qual o próximo P?

— O segundo P é de Pessoas: tanto clientes quanto empregados. Conforme a El Espresso se transformava em um sucesso, vocês se cercaram de bons clientes e de bons empregados. Encontrar e formar bons empregados era seu primeiro desafio e vocês o enfrentaram e continuam enfrentando todos os dias. Vocês procuram pessoas que compartilhem seus valores e depois as treinam nas habilidades que precisam ter para prepararem uma boa xícara de café. Pelo que me lembro, vocês não estavam interessados em encontrar empregados que já tivessem trabalhado para outra empresa de café, estavam à procura de pessoas boas que quisessem trabalhar para vocês.

— Isso mesmo — lembra-se Jack. — Na realidade, boa parte do nosso pessoal é de antigos clientes. Adoravam nosso café, nossos serviços e resolveram trabalhar no negócio conosco.

— Esse é exatamente o ponto, Jack. Boas pessoas tornam-se bons empregados. E quando uma companhia está repleta de bons empregados, o que ela obtém?

— Bons clientes — Jack e Dianne respondem ao mesmo tempo.

— Isso mesmo. Claro, o sucesso no treinamento e desenvolvimento de bons empregados é resultado direto do fato de se ter paixão. A paixão é o combustível; os empregados são as máquinas. Quando os empregados gostam do que fazem, tornam-se fiéis. Empregados fiéis geram produto e serviços melhores. Melhores serviços e produtos atraem clientes melhores. E clientes melhores são fiéis e por fim implicam um tempo de vida maior para o negócio.

"A maneira como você mantém seus empregados satisfeitos, Jack, é que cria expectativas partilhadas *com* eles e comunica suas intenções *a* eles. Assim, a qualquer momento, sabem o que você espera *deles*. Você não usa o medo ou a força para obter os resultados que deseja. O que vejo você fazer é respeitar todos os indivíduos e valorizar sua contribuição. Isso permite que eles tragam o melhor de si mesmos para o trabalho todos os dias. E você os estimula a ser bem-sucedidos, mesmo que queiram ir embora e abrir um negócio concorrente!

— OK... — admite Jack. — Qual é o terceiro P?

— É o P de Personalização. Você tem que personalizar o atendimento. Com isso quero dizer criar um vínculo entre os clientes e o negócio que se estenda além do produto, uma conexão que crie um público cativo. No seu caso, você faz os seus fregueses sentirem que esta é a sua própria cafeteria pessoal. Cada um deles se sente um cliente preferencial. Quer você tenha ou não planejado dessa forma, despendeu tempo e energia para aprender seus nomes e suas bebidas prediletas. Isso não só reduz o tempo da transação para você, como faz com que os clientes não percam tempo. Ao mesmo tempo, isso lhes dá um sentimento de comunidade. Para seus clientes, a El é o lugar onde todos sabem seu nome. Quando vêm aqui, eles são alguém, sentem que você se preocupa com eles. E também sabem coisas pessoais a seu respeito: o que faz, o que gosta, que vocês dois têm um casamento feliz. Há um compartilhamento mútuo de informações pessoais que ocorre durante o curso padrão de comércio. Tudo o mais sendo igual, todos nós desejamos experiências de compras onde nos fazem sentir como amigos, em vez de simples fontes de renda para a empresa. Quando personaliza o tratamento ao cliente, você cria exatamente esse tipo de experiência... o tipo que eles contam aos amigos, à família e aos colegas de trabalho. Para seus clientes, a El tornou-se parte de suas vidas. Para eles, o relacionamento com você é pessoal.

— Eu realmente não havia pensando nisso dessa forma — diz Dianne, considerando cuidadosamente as observações da consultora. — É uma responsabilidade assustadora.

— Pode ser — diz Carol —, mas quando você mantém a diversão, como vocês fazem, o relacionamento é agradável e lucrativo para os dois lados!

Carol consulta seu *laptop* e continua.

— O último P é de Produto, no seu caso, café. O produto é a base de um negócio, para o melhor ou para o pior. Um bom produto às vezes pode levar os clientes a fazer vista grossa à falta de atenção aos outros três Ps em um negócio, mas os outros três Ps podem não ser capazes de superar os efeitos drásticos e quase sempre fatais de um mau produto.

"O seu sucesso, Jack, deve-se em parte ao fato de que você é tão apaixonado pelo seu produto quanto pelas pessoas envolvidas. Você me disse que não pensaria em sacrificar a qualidade de seus grãos por um preço menor. Assim, quando você montou sua empresa, procurou os melhores grãos, os melhores fornecedores. Desenvolveu as melhores maneiras de preparar e servir seu produto. Pediu a opinião dos fregueses e a respeitou. Isso é porque sabe instintivamente que seu produto não é apenas um *latte* para viagem com que saem daqui, mas a qualidade da própria experiência. Combinados, o café e a experiência de comprá-lo são o produto que tornou a El famosa.

"E você forneceu o produto com consistência ao longo do tempo, através de trocas de empregados e diversas mudanças de endereço. Essa consistência do produto cria a confiança dos clientes, a qual sustenta seu desejo de se manterem fiéis. Você e Dianne, e todos os seus empregados, conquistaram a merecida reputação de ter um produto sobre o qual os clientes adoram falar.

"Intenção. Ou, como você disse, o Foco da Intenção. Se você não consegue ver com clareza o que pretende alcançar, não há como ser eficaz. Todo resultado que alcança só pode ser avaliado em relação à sua intenção. Quando seus resultados corresponderem às intenções, você terá alcançado o sucesso.

Carol parou, deixando que suas palavras fossem absorvidas.

— E isso, em resumo, é o motivo pelo qual seus clientes estão dispostos a ficar na fila sob chuva apenas para pagar bem por uma xícara de café.

— Deixe-me ver se compreendi — diz Jack. — Para fazer com que a El volte a ter sucesso, temos que ter paixão, contratar bons empregados, criar bons clientes, tornar a experiência de compra pessoal. É isso? E manter um bom produto?

— Isso mesmo.

— Certamente, administrar um bom negócio não pode se resumir a isso. Esses Quatro Ps parecem muito simplistas.

~ *Café expresso* ~

— Sem dúvida, há pontos mais refinados em se manter um negócio — Carol complementa. — Há princípios de contabilidade, procedimentos de recursos humanos e toda sorte de coisas com nomes sofisticados, e nada disso pode ser ignorado. Mas a verdade é que os Quatro Ps cobrem todos os ingredientes essenciais para o sucesso. Se você seguir esses princípios básicos corretamente, o resto virá por conta própria. Se cuidar dos livros não é o seu forte, contrate um contador

— Já fizemos isso — admite Dianne.

— Gosto de pensar que a vida se resume em verdades simples — diz Carol. — E quer acredite nelas ou não, elas funcionam, com ou sem você. Verdades simples são como o bom senso. E embora possam ser o senso comum, nem sempre são prática comum. Mas eram para você quando começou e ainda são prática comum para você hoje.

— Então, está dizendo que para aumentar minha base de clientes, tudo que temos de fazer é seguir os Quatro Ps? — pergunta Jack, a incerteza evidente em sua voz.

— Pode soar muito simples, mas verdades universais em geral o são. Embora eu tenha chegado aos Quatro Ps aqui

~ Os Quatro Ps ~

mesmo, estudando sua empresa, esses princípios aplicam-se a qualquer negócio, independente de tamanho ou produto. Os Quatro Ps estão em funcionamento agora mesmo em milhares de companhias, quer saibam ou não.

— Mesmo uma companhia com centenas de empregados?

— Já ouviu falar na Jet Blue?

— É uma nova companhia aérea que voa daqui a Nova York, certo? — pergunta Dianne.

— Isso mesmo. Bem, tenho acompanhado a Jet Blue desde o começo. Na realidade, vôo com ela toda vez que venho aqui, e posso lhe dizer com absoluta certeza que os Quatro Ps fazem parte de sua filosofia diária.

— Eles chamam a isso os Quatro Ps?

— Não. Como são verdades universais, não importa como as chamem, elas continuam funcionando.

— Como pode saber? — pergunta Jack.

— Vamos repassá-las. Paixão. David Neeleman, o fundador, é apaixonado por criar uma empresa aérea eficiente, de baixo custo, que trate as pessoas bem. Pessoas. Ele contrata o melhor, oferece participação nos lucros e opções de ações, e faz questão que qualquer empregado que não trate todos os clientes com respeito seja demitido. Produto. Ele adquiriu apenas um tipo de avião para reduzir despesas, colocou estofado de couro e televisão por satélite em todos os assentos e dá passagem de ida e volta de graça a todo passageiro que tenha tido problema com um vôo. Uma vez, quando um vôo teve de ser atrasado em duas horas, ele ajudou a telefonar para cada passageiro com reserva naquele vôo para avisar sobre a mudança de horário.

— Personalização. É aqui que ele realmente se destaca. Uma vez por semana, ele ajuda a carregar a bagagem para dentro do avião, uma vez por semana ele voa pela sua companhia aérea e quando o faz, cumprimenta e conversa com cada passageiro, agradecendo a eles por voar com a empresa.

— E quanto à Intenção? — pergunta Dianne.

— Simples. Neeleman planeja ser uma de poucas linhas aéreas que dão lucro e crescem a cada ano. E a Jet Blue é apenas um exemplo de milhares de empresas maiores que empregam os Quatro Ps e o Foco da Intenção com sucesso.

— Os Quatro Ps e o Foco da Intenção funcionam tanto para os empregados quanto para os donos do negócio? — pergunta Jack.

— Sim — responde Carol —, não importa se você é o dono, trabalha no negócio ou é um gerente. Os Quatro Ps e o Foco da Intenção aplicam-se a você, ao seu departamento, à companhia inteira. Se tiver paixão pelo que faz, contratar o melhor pessoal e ser a melhor pessoa possível, tornar pessoais seus relacionamentos de trabalho e manter a melhor qualidade do seu produto, você terá sucesso e sua companhia também. E ao longo do caminho, poderá levar o melhor de você para o trabalho. Isso tornará o trabalho uma experiência agradável... tanto para si mesmo quanto para os fregueses. Já que eu e você passamos a maior parte da vida trabalhando do que fazendo qualquer outra coisa, temos que tornar o trabalho o mais agradável possível. Felizmente, gostar do trabalho tem um efeito colateral benéfico: é lucrativo! E se você não estiver feliz fazendo o que faz, pergunte-se por quê. Mais importante ainda, pergunte a si mesmo o que pode fazer para tornar o trabalho divertido.

— A chave é saber quais as suas intenções. O sucesso só pode ser definido em termos de suas intenções. A partir do momento em que sabe o que deseja alcançar, você pode gerar planos para tornar esse desejo realidade.

~ Café expresso ~

Carol olha para Dianne, que parece energizada; em seguida, olha para Jack, que está frouxamente sentado no banco, os ombros caídos.

— Jack, o que o está incomodando?

— Não sei, Carol. Esses Quatro Ps e o Foco da Intenção parecem realmente simples. Algo banal demais para funcionar. Não sei como você pôde tirar tudo isso do que fazemos aqui na El. Parece que você já chegou aqui com tudo isso na cabeça e simplesmente fez a situação que encontrou aqui se encaixar em suas idéias.

— Jack. Obviamente cheguei aqui com os conceitos básicos na cabeça. Isso é o que estudo, esse é o meu trabalho. Mas, acredite-me, os Quatro Ps e o Foco da Intenção nasceram diretamente das minhas observações de você e Dianne, de seus empregados e dos clientes da El. E você *realmente* usa esses princípios. Todos os dias. Diga-me. Como ficou a conversa entre você e George?

Jack olhou a fila de clientes esperando pelo seu café da tarde e contou sua última conversa com George.

~ ~

— Estou cansado, Jack. Parece que já não me importo com mais nada — diz George, o antigo barista de Jack. — Gosto dos fregueses e não tenho nenhum problema com você ou com o trabalho em si, mas simplesmente já não tenho vontade de me levantar e vir para o trabalho. Sabe, o que é realmente ruim é que acho que está começando a afetar a maneira como trato os fregueses. Notei que várias pessoas que costumavam parar para um café, agora passam direto e entram no Nordstrom's. Receio que se eu continuar assim, vou prejudicar os negócios. Acho que vou ter que desistir. Ao menos por algum tempo.

A reunião que Jack requisitara não estava absolutamente caminhando como ele imaginara. Nenhuma discussão, nenhuma ansiedade, nenhuma acusação, nenhuma recriminação. Jack não sabia ao certo se estaria lidando tão bem com a situação como George estava, caso os papéis estivessem invertidos.

— George, lamento que as coisas tenham chegado a isso, mas se acha que não está dando o melhor de si e não vê nenhuma outra saída, concordo que dar um tempo provavelmente é o melhor a fazer. Se tivesse que adivinhar, diria que está começando a se descompensar. A vida não deveria ser apenas trabalho e nenhuma diversão. E desde que passou a abrir a loja, você tem trabalhado seis dias por semana. Toda essa dedicação e lealdade têm sido ótimas para os negócios e para mim, mas acho que exageramos. Olhando para trás, acho que não devia ter deixado que você trabalhasse tanto. Devia tê-lo feito tirar um dia de folga.

— Talvez seja verdade, mas eu teria brigado com você se tivesse tentado me manter afastado — diz George. — Adoro este lugar e adoro os clientes. Só acho que está na hora de fazer alguma coisa diferente. Você sempre disse que nunca esperou que ninguém trabalhasse aqui para sempre. Não sei como consegue continuar."

~ ~

— Parece que você resolveu tudo — diz Carol — e que George realmente se responsabilizou pelos seus atos.

Jack balança a cabeça, concordando.

— Pode ter terminado assim, mas acredite-me, não começou dessa forma. Conversamos três vezes sobre isso hoje. Ou, ao menos, tentamos. O que estava realmente acontecendo era que nenhum de nós dois realmente queria tratar do problema. Ambos estávamos evitando um conflito. Finalmente, acho, fomos ao que interessava: qual era, detesto dizer isso, mas qual era a verdadeira *intenção* de George.

— E depois que isso ficou claro? — pergunta Carol.

— Depois que isso ficou claro, tornou-se mais fácil para cada um de nós falar sobre o que deveria ser feito a respeito do problema.

— E o que resolveram?

— George nos deu um aviso prévio de duas semanas e eu lhe dei seis meses para pensar sobre o que deseja fazer. Se resolver voltar, prometi ajudá-lo a alcançar seus objetivos. Sejam eles quais forem.

— Viu? — diz Carol. — O tempo todo você sabia o que devia fazer.

— Talvez tenha razão sobre esse negócio de Quatro Ps. Mas se é tão fácil, por que não estou vendo isso?

— Talvez porque esteja vivendo a situação. É mais fácil para mim porque posso entrar aqui com os olhos de um observador imparcial e ver o que realmente está acontecendo.

— Bem, digamos que esteja certa a esse respeito. Ainda assim, não vejo como isso possa funcionar para mim.

— Já funcionou uma vez, Jack. Vai funcionar de novo.

~ *Café expresso* ~

— Não tenho tanta certeza.

— Bem, essa é a parte interessante: você vai ter que decidir. Você pode estar num ramo difícil, mas tem todos os ingredientes para se sair bem. Vou lhe dizer uma coisa. Leve algum tempo, reveja suas intenções e depois faça um esforço consciente para aplicar os Quatro Ps outra vez. Faça isso e depois de seis semanas voltarei aqui para ver como você está indo. Que tal?

— Não sei se vai funcionar, mas quero que dê certo.

— Viu só? Já está trabalhando em suas intenções.

— OK. Acho que a contratei por alguma razão. Vou tentar.

— Vejo vocês daqui a seis semanas.

# EPÍLOGO
## Seis semanas depois

**Pine Street com Fourth Avenue**
**Centro de Seattle**
**10:00**

O sol brilha no céu sem nuvens e não chove há quatro dias. Em Seattle, isso é considerado quase uma seca. A temperatura está em torno de 20°C; bastante quente para andar pelas ruas, frio o suficiente para querer uma xícara de café nas mãos.

~ *Café expresso* ~

Jack Hartman está sentado em um banco em frente à El Espresso, um *ristretto* fumegando nas mãos. Seu amigo, Jim Howse, está sentado ao seu lado. É a primeira vez que têm uma conversa séria em seis semanas.

— Você está com um ar descansado; sem olheiras sob os olhos. Cheio de energia. Você é um homem diferente, Jim. O que aconteceu?

— Sabe, Jack, é realmente incrível. Não consegui tirar da cabeça o que você me disse sobre a maneira como administra seus negócios. Levei o caso a sério e comecei a pensar em tudo que eu fazia e por quê. Uma das coisas que descobri foi que eu não confiava nem um pouco nos meus empregados, eu os considerava inimigos, não aliados. Não como pessoas que poderiam ajudar a fazer meu estabelecimento progredir. E também não gostava muito dos meus clientes. Vi que eu e meu pessoal havíamos deixado nosso serviço ao cliente decair e, no negócio de bares, esse é o começo do fim. As pessoas podem adquirir um sanduíche e uma bebida em muitos lugares. O que *nós* queríamos era não só manter a caixa registradora tilintando, como fazer com que os fregueses voltassem todos os dias! A desconfiança que os empregados tinham em relação uns aos outros era óbvia para

~ *Epílogo* ~

os clientes e isso estava afastando as pessoas que gostariam de se tornar clientes habituais. Entre isso e o fato de eu estar fiscalizando as pessoas o tempo todo, percebi que eu não estava tentando ser bem-sucedido, estava tentando não fracassar.

— Sei o que quer dizer. Então, o que fez?

— Bem, resolvi fazer o que você disse. Sentei para conversar com Debbe, a gerente da noite, e perguntei-lhe como achava que o nosso lugar *deveria* ser, sabe, que tipo de bar nós queríamos. Em seguida, pedi-lhe para sugerir algumas maneiras de melhorarmos os negócios. Foi difícil ceder, mas eu lhe disse que suas idéias pareciam ótimas e que ela deveria ir em frente e colocá-las em prática. Depois, parei de vir às três da madrugada.

— E como foi? Viu melhoras imediatas?

— Bem... acho que não. Levou quase um mês, mas não desisti e, finalmente, o resto do pessoal começou a aderir. Viram como eu e Debbe estávamos nos dando bem e que eu estava deixando que ela trabalhasse a seu modo. Agora, começaram a vir com idéias próprias. Estamos apenas começando a testar algumas delas e, tenho que admitir, as coisas estão indo muito bem. Nossa renda cresceu e estamos com mais fregueses, sem perder os que já tínhamos. Pelo que sei, os lucros deram um grande salto. Melhor ainda, estamos nos dando muito bem. E estou dormindo mais. Sinto-me um novo homem e devo isso a você.

— Isso é ótimo, Jim. Fico muito contente em saber! Vê-lo com uma aparência tão boa e saber como seus negócios vão indo bem é... bem... o que *eu* estou precisando ouvir, também. Mas na verdade não lhe contei nada que você já não soubesse. Apenas pude ver com mais facilidade porque eu não estava envolvido no problema como você. É praticamente a mesma coisa que aconteceu entre mim e a minha consultora de empresas.

— Ah, sim. Tem razão. Esqueci-me de lhe dizer. O que quer que ela lhe tenha dito, deve ter funcionado. As coisas por aqui também parecem estar indo muito bem, Jack. Ultimamente, tenho visto filas mais longas, como costumava ter antes da pontocom se mudar. O que ela lhe disse?

— Essencialmente, disse-me as mesmas coisas que eu lhe disse. Acho que, assim como você, eu provavelmente já sabia quase tudo; só não estava mais concentrado nisso.

— Como voltou a se concentrar?

~ *Epílogo* ~

— Bem, retornei aos princípios básicos, às coisas que fazia quando montei o negócio. Trouxe de volta o quadro de giz e comecei a fazer a pergunta do dia outra vez. Isso fez as pessoas conversarem comigo e conversarem umas com as outras. Alguns até sugeriam perguntas para o dia seguinte. E realizei concursos semanais, que havíamos suspendido há algum tempo, e começamos a levar café de graça a um escritório diferente a cada dia. E comecei a escrever um manual de treinamento formal, colocando por escrito tudo que aprendi ao longo dos anos. Além de tudo que Carol me ajudou a lembrar sobre como gerir um negócio e o que desde o começo me impeliu a querer ter um negócio próprio.

— Nossa! Parece que agora tudo está fazendo sentido para você.

— Sim. Sabe, é engraçado, Jim, mas acho que havia me esquecido do quanto realmente gosto do que faço. Bem, posso não adorar o que faço o tempo todo e posso questionar algumas coisas, como George fez antes de sair. Mas ver as coisas pelo lado de fora, como Carol? Puxa, isso fez toda a diferença. Você sabe o trabalho que dá administrar um negócio próprio. Exige muita energia, de mim e dos meus empregados. E andei pensando na minha paixão. No meu comprometimento. Seria capaz de consegui-los de volta?

"Quando parei e pensei no que eu realmente queria e me comprometi novamente com o que Carol chama de os Quatro Ps, vi que seria capaz de mantê-los ao longo do tempo. Agora, sinto como se eu tivesse uma nova oportunidade com os meus negócios. E com a minha vida. Sinto-me completamente energizado outra vez.

— Quatro Ps? Só conheço um tipo de...

— Pare de pensar besteira! Carol diz que um negócio bem-sucedido baseia-se em quatro fatores principais. Paixão, que é o quanto você realmente gosta do que está fazendo. Pessoas, o modo como seleciona seus empregados e os treina para o trabalho, bem como o que você faz para atrair o tipo de clientes que você realmente quer. Personalização, como você transforma seus empregados e clientes em amigos, pessoas do seu próprio meio. E Produto, é claro, de modo que valha a pena comprar o que você está vendendo. Portanto, esses são os Quatro Ps. E tudo começa com Paixão.

— Você realmente conseguiu reaver sua paixão, Jack. Talvez eu deva me sentar com Carol da próxima vez que ela vier à cidade. Parece que vale a pena.

— Vale, sim, mas parece que você está conseguindo colocar as coisas sob controle sozinho.

~ Epílogo ~

— Sim, mas como você disse, alguém do lado de fora da sua empresa pode ver melhor o que você está fazendo. Imagino que, se ela o ajudou, eu também poderia aprender uma ou duas coisinhas.

— É engraçado você dizer isso, porque estou esperando-a esta tarde. Me dê seu cartão e o darei a ela quando chegar.

— Obrigado, Jack. Preciso ir. Tenho uma reunião com Danny, meu gerente do dia. Ele quer conversar comigo sobre como alavancar nossos negócios na hora do almoço. Por que não passa por lá mais tarde e me deixa pagar-lhe uma bebida? Eu lhe devo pelo menos uma.

— Será um prazer. Até logo.

Jack toma o restante do seu *ristretto*. Enquanto pensa em sua conversa com Jim, percebe repentinamente que está ansioso para rever Carol. Não só porque seus negócios estão florescendo outra vez e ele quer lhe contar sobre isso, mas porque quer lhe contar como ajudou Jim a melhorar seus negócios usando as verdades universais dos Quatro Ps e o Foco da Intenção.

~ *Café expresso* ~

Quando Carol Wisdom chega, Jack está mais do que pronto.

— Olá, Carol. Estou muito contente em vê-la. Vou servir-lhe um *latte* e vamos nos sentar e conversar. E pode ligar seu gravador. Tenho tanta coisa a lhe contar que você poderia escrever um livro.

# UMA PÁGINA DAS ANOTAÇÕES DE CAROL WISDOM

*Os quatro princípios para gerir um negócio nos bons e nos maus momentos*

PAIXÃO, PESSOAS, PERSONALIZAÇÃO, PRODUTO —
UMA RECEITA PARA A VIDA E O TRABALHO
*Acrescente um pouco de cada ao seu trabalho
e relacionamentos de trabalho para ter
satisfação e sucesso em tudo que fizer*

*Tudo tem a ver com Paixão*

- Faça o que gosta de fazer e nunca mais terá que trabalhar um dia sequer em sua vida.
- Ouça o seu coração e descubra sua fonte pessoal de energia positiva.
- Construa seu trabalho em torno de sua paixão.
- Persiga uma visão — misture trabalho e diversão.
- Compartilhe sua paixão generosamente com os outros.
- Crie um clima onde todos possam expressar livremente sua própria paixão.
- Faça do seu trabalho uma extensão natural de si mesmo.

*Envolva as Pessoas*

- Procure pessoas que compartilhem seus valores.
- Abandone o uso do medo e da força nos relacionamentos.
- Comunique-se com clareza e desenvolva expectativas comuns.
- Respeite e valorize todos os indivíduos com que lida e reconheça suas contribuições.
- Leve o melhor de si mesmo para o trabalho todos os dias.
- Assuma o lado positivo — confie em si mesmo e estenda essa confiança aos demais.
- Ajude outras pessoas a alcançar o sucesso.
- Tenha poucas regras e nenhum segredo.

- Crie o palco para que cada empregado receba uma ovação de pé todos os dias.

*É preciso dar um atendimento Personalizado*

- Pratique gestos simples de cortesia.
- Seja autêntico e bem-intencionado em todas as situações.
- Inicie interações positivas.
- Abra a porta e vá além da mera transação comercial — seja generoso.
- Aja como um proprietário e anfitrião.
- Faça da compra do produto uma experiência — trate cada um como único e especial.
- Coloque não apenas as mãos, mas a cabeça e o coração no trabalho.

*O Produto é a base de tudo*

- Seja tão apaixonado pelo seu produto quanto o é pelas pessoas.
- Descubra pequenos diferenciais e maneiras de encantar o cliente.
- Ouça o cliente.
- Trate qualquer interação como a primeira e a melhor.
- Crie confiança com consistência.

- Ganhe a reputação de ter um produto sobre o qual seus consumidores não conseguem parar de falar.

O *Foco da Intenção*

- Seja claro na maneira como define seu sucesso.
- Visualize como quer que seu relacionamento com o trabalho seja.
- Seja confiante na perseguição de suas esperanças, sonhos e aspirações.
- Procure compreender e respeitar as intenções dos outros.
- Faça escolhas positivas conforme as oportunidades se apresentarem.
- Use suas intenções para avaliar se está caminhando na direção certa.

# QUESTÕES PARA DISCUSSÃO

## Aplicando os Quatro Ps às suas experiências de trabalho

As perguntas a seguir destinam-se a ajudá-lo a compreender seu relacionamento com o trabalho. Suas respostas deverão mostrar-lhe sua posição atual e levá-lo a descobrir o que precisa fazer para colocar em prática as mudanças que o ajudarão a alcançar seus objetivos.

As perguntas estão divididas por capítulos e subdivididas para situações individuais e de grupo.

Divirta-se com a conversa.

## CAPÍTULO UM: PAIXÃO

## Trabalho individual

- A vida é boa demais e curta demais para ser passada dormindo. Você tem paixão pelo que faz? Se não, por quê?
- O que poderia fazer para encontrar essa paixão e trazê-la consigo todos os dias?
- Outras pessoas sentem ou vivenciam sua paixão através do seu trabalho?
- Você consegue sustentar sua paixão ao longo do tempo?
- Se vê sua paixão declinar, o que faz para reacendê-la?

## Trabalho de grupo

- Em vez de esperar que seus clientes desenvolvessem uma paixão pela El Espresso, Jack e Dianne decidiram tomar medidas que gerassem essa paixão em seus clientes. Como podem aplicar esse conceito em seu trabalho e nos relacionamentos de trabalho?
- Como um supervisor, como você, pode facilitar a expressão da paixão?
- O que significa trabalhar para uma empresa onde há paixão? A paixão e os lucros podem coexistir harmoniosamente? A paixão é valorizada nas empresas atualmente?

~ *Questões para discussão* ~

- Que papel a paixão desempenha em sua organização? Quem a demonstra regularmente? De que outras formas ela se manifesta? Os clientes têm consciência dessa paixão? O que os está impedindo?
- Como a paixão pode ser inflamada em uma companhia em épocas difíceis? Isso está relacionado à motivação? Como?
- Quais eram os princípios que guiavam a sua própria organização? Ainda são válidos? Os empregados os conhecem?
- A El Espresso está sofrendo uma queda nos negócios. Já viveu uma experiência semelhante em sua carreira? Como a direção lidou com o problema? Foi uma solução eficaz? Por que ou por que não?

## CAPÍTULO DOIS: PESSOAS

### Trabalho individual

- Que tipo de pessoas você tem trabalhando para você ou com você?
- Que tipo de pessoa você é?
- Seus clientes são os clientes certos?
- Você foi seletivo ao escolhê-los ou se preparou adequadamente para servi-los bem?
- Você criou relacionamentos duradouros com aqueles a quem presta serviços e com quem trabalha?

- Que reputação você está trabalhando para conquistar? Com seus colegas de trabalho? Com seu supervisor? Com seus clientes?
- Acha que sua vida profissional e sua vida pessoal estão equilibradas? Se não, por quê? Se não, como você pode alcançar esse equilíbrio?

## Trabalho de grupo

- Jack Hartman perguntou a si mesmo se seu negócio seria viável sem os empregados. Qual a importância das pessoas em sua organização?
- Os empregados se sentem valorizados pela direção? Por que ou por que não?
- Vários empregados de Jack consideram o trabalho na El Espresso como sendo mais do que apenas dinheiro. Isso é verdadeiro para você? Sua própria organização recompensa os empregados de outras maneiras além do salário? Isso os motiva?
- Há outras maneiras pelas quais você gostaria que sua empresa demonstrasse apreço pelos empregados?
- Um dos clientes de Jack falou sobre não confiar nos empregados que trabalham no seu bar. Que papel acha que a confiança e a desconfiança exercem na maneira como os empregados se comportam no dia-a-dia? O que acha que a administração pode fazer para demonstrar confiança?

~ *Questões para discussão* ~

- Um dos empregados de Jack falou sobre a perda de sua paixão pelo trabalho. O que Jack poderia ter feito para salvar um empregado como George? É natural que uma pessoa desenvolva uma exaustão pelo trabalho com o tempo? Por que ou por que não?

## CAPÍTULO TRÊS: PERSONALIZAÇÃO

## Trabalho individual

- Todos querem ser um cliente preferencial em algum lugar. Você está tratando seus clientes como amigos? Sabe seus nomes? Os nomes dos membros de sua família? Do que eles gostam de fazer quando não estão trabalhando? Pode dizer o mesmo de seus empregados ou colegas de trabalho?
- Você estabelece uma conexão significativa com seus clientes e colegas de trabalho todos os dias? Você viu seus esforços resultarem na criação de uma comunidade?
- O que você faz para envolver seus clientes?
- Jack lembrou-se de quando trabalhava em um parque temático onde os empregados chamavam os clientes de "animais". De que forma você se refere a seus clientes? De que maneira isso afeta o modo como você os trata?
- Sally Norton, uma cliente fiel da El Espresso, encontrou o parceiro de sua vida na fila para comprar sua xícara de café

da manhã. Você tem histórias positivas de clientes que foram o resultado direto da comunidade criada por você ou sua empresa?

## Trabalho de grupo

- Jack fala sobre a importância de os empregados se relacionarem bem com os clientes. Na sua opinião, qual a importância da fidelidade do cliente para a sua organização? Pode imaginar maneiras pelas quais sua empresa poderia fazer mais para incentivar a fidelidade e o comprometimento do cliente?
- Um dos clientes da El Espresso falou da seriedade e do espírito descontraído dos empregados. O seu próprio ambiente de trabalho é sério demais? Brincalhão demais? A administração pode encorajar um bom equilíbrio entre os dois? Como?
- Carol Wisdom falou sobre as pesquisas indicarem que a fidelidade do empregado se traduz em fidelidade do cliente. Você concorda? Como um melhor estado de espírito dos empregados em sua própria empresa poderia fazer diferença na retenção de clientes?
- Fidelidade à El Espresso é a principal característica dos seus clientes. A fidelidade é a principal característica de seus clientes? Se não, por quê?

~ *Questões para discussão* ~

- Para Jack Hartman, o espírito com que ele vai para o trabalho todos os dias faz uma diferença fundamental na maneira como o dia finalmente será. Você concorda? Como você pode adaptar sua própria atitude de modo que chegue ao trabalho pronto para ter um ótimo dia ao invés de um dia difícil?
- Diversos clientes falaram sobre como gostam de ser cumprimentados pelo nome e se sentir parte da família. O que sua organização faz para que os clientes se sintam especiais? Que novas tecnologias as grandes empresas utilizam para tratar seus clientes como uma família?
- Um dos clientes falou sobre a importância de tratar bem as pessoas. O que isso significa em sua organização? Isso é ensinado? É enfatizado? As pessoas têm autonomia para decidir o que constitui tratar bem os clientes? O que sua empresa poderia fazer para pôr em prática algumas das lições que funcionaram tão bem para a El Espresso?
- Um cliente disse que ouviu falar que a El Espresso está passando por dificuldades. Sua própria companhia já passou por experiência semelhante? Como os empregados foram informados? Como os clientes foram informados? Avalie o processo e descreva os resultados.
- Outro cliente disse que na El o cliente vem em primeiro lugar e a qualidade do serviço é essencial. Em sua empresa, o que vem em primeiro lugar? O que é essencial?

## CAPÍTULO QUATRO: PRODUTO

## Trabalho individual

- Nenhum dos outros Ps podem salvar um mau produto. Você presta atenção à qualidade dos seus produtos? Dos seus serviços? Como você age?
- O seu produto representa quem você é para o mundo?
- Você criou um ambiente onde a excelência consistente do produto pode ser mantida? Como você procede para introduzir mudanças em produtos populares e ainda manter a fidelidade do cliente?

## Trabalho de grupo

- Ao longo dos anos, a El Espresso gastou tempo e dinheiro criando o melhor produto disponível. O que sua empresa tem feito para obter um produto ou serviço melhor? Como os clientes são informados a respeito disso?
- Jack Hartman disse que a consistência é uma das marcas de um bom produto. Você concorda? Como uma empresa mantém a qualidade pela qual se tornou famosa?
- Carol disse que os sentimentos dos clientes a respeito do café da El Espresso alcançaram proporções míticas: em suas mentes não existe café como o da El. O seu produto ou serviço alcançou proporções míticas nas mentes de seus

clientes? Se não, o que você precisa fazer para que isso aconteça?
- Um cliente disse que o bom serviço não consegue resgatar um mau produto, mas o mau serviço pode destruir um bom produto. Você concorda? Pode citar exemplos desse fato no mundo dos negócios em sua própria história profissional?
- A pressão para o corte de despesas é inevitável em qualquer negócio, assim como aumentos de preços. Jack disse que ele preferia elevar preços a sacrificar a qualidade com grãos de café de qualidade inferior. Como uma empresa equilibra essas duas questões? Como deve comunicar os aumentos de preços aos clientes?
- Carol aconselhou Jack sobre a importância de aplicar bem os preceitos básicos. Em seu ramo de negócios, quais são os preceitos básicos? Como a administração transmite a importância desses preceitos a seus empregados? A administração está se concentrando nos preceitos *certos*?
- Carol descreveu uma correlação distinta entre a maneira como os empregados vêem o produto ou serviço de sua empresa e o nível de sua devoção a ele. Você concorda? Já viu casos em que os empregados realmente criaram um produto ou serviço melhor por causa do modo como viam esse produto ou serviço? O que a administração poderia fazer para encorajar esse comportamento?
- Negócios bem-sucedidos são aqueles em que os empregados assumem a posse, a contabilidade e a responsabilida-

de por suas ações e pela qualidade do produto. Usando essa definição, a sua empresa é bem-sucedida?

## CAPÍTULO CINCO: INTENÇÕES

## Trabalho individual

- *Intenção* é uma palavra pomposa para *plano*. Você tem um plano para a sua vida? Sabe para onde quer ir? Quem você quer ser?
- O sucesso é pessoal e relativo. Como você define sucesso para si mesmo? O seu emprego se encaixa bem nessa definição?
- Você pode se vangloriar de gostar do que faz? Se não, que tipo de trabalho deveria estar fazendo para gerar esse tipo de sentimento? Como poderia mudar seu trabalho atual ou sua atitude em relação a ele para transformá-lo em algo que você goste de fazer?
- Pode descrever suas intenções com relação ao que deseja obter do seu trabalho? O que quer levar para ele?

## Trabalho de grupo

- Carol falou sobre a importância de um plano estratégico para qualquer empresa, grande ou pequena. Os planos

~ *Questões para discussão* ~

permitem que as empresas avaliem as oportunidades. Descreva o que sua empresa pretende ser.
- Sua empresa possui uma missão claramente explicitada? Descreva e discuta a missão de sua empresa.
- Quais são os valores de sua empresa? Todos em sua empresa compartilham os mesmos valores? Se não, por quê? Deveriam?
- Existe uma visão da empresa no futuro que energiza tanto empregados quanto clientes? Que aspecto desse futuro está alinhado com suas intenções pessoais? Como você pode ajudar sua organização a alcançar esse futuro?
- Quando Jack aproveitou a oportunidade de expandir seus negócios, não ficou satisfeito com os resultados. Por que se sentiu assim? Como você se sentiria se a sua companhia se defrontasse com a mesma oportunidade? Quais são algumas alternativas de expansão viáveis para você e sua empresa?

**CAPÍTULO SEIS: OS QUATRO PS**

## Trabalho individual e de grupo

- Como sua empresa adaptou sua própria versão dos Quatro Ps? Que ações pode empreender para assegurar que os Quatro Ps sejam incorporados ao seu trabalho diário?

~ *Café expresso* ~

- Quais seriam os benefícios para você se sua companhia aplicasse os Quatro Ps com sucesso? Haveria custos?
- Descreva a reputação que gostaria que sua empresa tivesse na comunidade. Essa visão é consistente com a realidade atual? Por que ou por que não?
- Carol descreveu os Quatro Ps como universais, dizendo que podem ser aplicados em empresas de qualquer porte em qualquer tipo de indústria. Você concorda? Por que ou por que não?
- O que você pode fazer *hoje* para tornar o trabalho mais divertido para você e mais lucrativo para sua empresa?

# APÊNDICE

*Fatos sobre a cafeína*

**Pequena história do café através dos tempos**

600     O café faz sua migração da Etiópia para a Arábia.

1000    O filósofo Avicenna descreve pela primeira vez as propriedades medicinais do café, ao qual ele se refere como *bunchum*.

1300    Monges islâmicos preparam o *qawha*, uma mistura de água quente e grãos de café torrados.

1453    O sultão Selim I introduz o café em Constantinopla. A lei turca torna legal que uma mulher

|      | se divorcie do marido se ele não conseguir lhe prover sua cota diária de café. |
|------|---|
| 1500 | O uso do café se dissemina por Meca e Medina. |
| 1511 | Khair Beg, o governador corrupto de Meca, tenta banir o café por medo de que sua influência possa estimular a oposição ao seu governo. O sultão manda dizer que o café é sagrado e ordena a execução do governador. |
| 1600 | Baba Budan, um peregrino muçulmano, introduz o café no sul da Índia. |
| 1607 | O capitão John Smith ajuda a fundar a colônia da Virgínia em Jamestown. Acredita-se que ele tenha introduzido o café na América do Norte. |
| 1616 | O café é levado de Mocha para a Holanda. |
| 1645 | Surge o primeiro café em Veneza. |
| 1652 | É aberto o primeiro café em Oxford, Inglaterra. |
| 1658 | Os holandeses começam a cultivar café no Ceilão (Sri Lanka). |

~ *Apêndice* ~

1668     O café substitui a cerveja como a bebida preferida dos nova-iorquinos no café da manhã. A cafeteria de Edward Lloyd é aberta na Inglaterra e freqüentada por mercadores e corretores de seguros de empresas marítimas. Finalmente, transforma-se no Lloyd's de Londres, a mais famosa companhia de seguros do mundo.

1669     O café toma conta de Paris quando um embaixador turco passa um ano na corte de Luís XIV.

1674     A Petição das Mulheres Contra o Café é apresentada em Londres.

1675     O rei Carlos II manda fechar todas as cafeterias de Londres, considerando-as locais de subversão.

1679     Médicos de Marselha tentam desacreditar o café, alegando fazer mal à saúde.

1689     É aberto o primeiro café duradouro de Paris, o Café de Procope.

1696     Surge o The King's Arms, o primeiro estabelecimento de Nova York destinado a servir café.

~ *Café expresso* ~

| | |
|---|---|
| 1706 | As primeiras amostras de café cultivado em Java são levadas para Amsterdã. |
| 1713 | Um pé de café cultivado de uma semente das amostras de Java é apresentado pelos holandeses a Luís XIV e mantido no Jardin des Plantes em Paris. |
| 1720 | O ainda existente Caffe Florian é aberto em Florença. |
| 1721 | É aberta a primeira cafeteria alemã, em Berlim. |
| 1723 | Gabriel de Clieu leva uma muda de café da França para a Martinica. |
| 1730 | Os ingleses introduzem o cultivo do café no Brasil.* |
| 1732 | Bach compõe a "Cantata do Café", parodiando a paranóia alemã sobre a crescente popularidade do café. |

---

*Em geral se admite que o café tenha sido introduzido no Brasil por Francisco de Melo Palheta, em 1727, quando trouxe mudas da Guiana Francesa. (*N. da T.*)

~ *Apêndice* ~

1773    O Boston Tea Party* torna o ato de beber café um dever patriótico nos Estados Unidos.

1777    Frederico o Grande, da Prússia, publica um manifesto condenando o café em favor da bebida nacional, a cerveja.

1809    O primeiro café importado do Brasil chega a Salem, Massachusetts.

1869    A praga da ferrugem na folha do café surge no Ceilão. Em dez anos, destrói a maior parte das plantações na Índia, Ceilão e outras partes da Ásia.

1873    A primeira grande marca nacional de café torrado e empacotado, Ariosa, é comercializada por John Arbuckle.

1882    A Bolsa de Café de Nova York inicia suas atividades.

1886    Ioel Cheek, antigo atacadista de produtos comestíveis, denomina "Maxwell House" sua po-

---

*Incidente político envolvendo medidas protecionistas da Grã-Bretanha, beneficiando a Companhia das Índias Ocidentais em detrimento dos interesses da colônia americana. Os comerciantes de chá da colônia reagiram boicotando o chá. (*N. da T.*)

pular mistura de grãos de café, com o mesmo nome do hotel em Nashville, Tennessee, onde é servido.

1904 A moderna máquina de café expresso é inventada por Fernando Illy.

1906 O Brasil retém café do mercado mundial numa tentativa de elevar os preços globais.

1911 Os torrefadores de café americanos organizam-se numa associação nacional, a precursora da Associação Nacional do Café.

1928 É fundada a Federação Colombiana de Café.

1938 Técnicos da Nestlé do Brasil inventam o Nescafé, o primeiro café solúvel comercialmente bem-sucedido.

1942 Tropas americanas levam o café solúvel *freeze-dried**  Maxwell House a um público global. Nos

---

*Processo de produção industrial que consiste na desidratação a alto vácuo, em temperatura abaixo do ponto de congelamento. Também chamado liofilização. (*N. da T.*)

~ Apêndice ~

|      | Estados Unidos, o açambarcamento dominante leva ao racionamento do café. |
|------|---|
| 1946 | Na Itália, Achilles Gaggia aperfeiçoa sua máquina de expresso. O *cappuccino* recebe este nome por sua semelhança com a cor das batinas dos monges capuchinhos. |
| 1959 | Juan Valdez torna-se o representante do café colombiano. |
| 1962 | O consumo de café *per capita* atinge o ápice nos Estados Unidos — mais de três xícaras por dia. |
| 1964 | O primeiro estabelecimento da rede Tim Horton's é aberto em Hamilton, Ontário. |
| 1971 | O primeiro Starbucks é aberto em Seattle, vendendo grãos torrados de café. |
| 1973 | O primeiro café *fair-trade*\* é importado da Guatemala para a Europa. |
| 1975 | Os preços mundiais do café sobem drasticamente depois que o Brasil sofre uma forte geada. A |

---

\*Produto com preço de custeio, regulado por leis destinadas a proteger os fabricantes contra reduções de preço, estabelecendo preços mínimos para a venda a varejo de determinado produto. (*N. da T.*)

rede Second Cup inicia suas atividades no Canadá.

1980     O primeiro carrinho de expresso do mundo começa a funcionar sob o Monorail de Seattle.

1989     O Acordo Internacional do Café desaba conforme os preços mundiais caem para um patamar histórico.

Início da década de 1990     O gosto pelo café especial toma conta dos Estados Unidos.

Meados da década de 1990     O café orgânico torna-se o segmento de mais rápido desenvolvimento da indústria de cafés especiais.

1997     A rede Tim Horton's apresenta os primeiros cafés especiais, os *cappuccinos* English Toffee e French Vanilla.

1998     A Starbucks alcança 2.000 pontos-de-venda nos Estados Unidos, com igual número planejado para Europa e Ásia.

*~ Apêndice ~*

1999　　Um minúsculo balcão de expresso, a base deste livro, torna-se a única loja sediada no centro de Seattle a permanecer aberta durante os tumultos ocorridos na realização da reunião da OMC — Organização Mundial do Comércio.

# Agradecimentos

Sem a cooperação, a hospitalidade, a generosidade e a capacidade de liderança de nossas fontes amantes de café, este livro não poderia ter sido escrito. Embora seus nomes não sejam citados, queremos registrar nosso profundo apreço e admiração por elas, seus empregados e clientes. Também agradecemos a elas por nos oferecerem a melhor xícara de café de Seattle.

Leslie gostaria de agradecer a Charles por convidá-la a fazer parte da divertida experiência de contar a história de uma saudável organização e seus entusiastas. A Randy Martin por ser meu parceiro, meu complemento, meu mentor e meu editor. A Susan Martin pelo tedioso, mas necessário trabalho de edição de texto. A Mike Agrippe e Bill Wilkins, membros do Catalyst Consulting Group, por seu permanente apoio. E a todos vocês que possuem a visão e a paixão para experimentar o novo e aperfeiçoar seu trabalho.

Charles gostaria de agradecer aos milhares de empresários, gerentes e empregados que estão vivenciando uma história semelhante a esta, anonimamente, em companhias e organizações no país e no mundo. Vocês são uma inspiração para todos nós. Charles também gostaria de agradecer a algumas pessoas que contribuíram com seu conselho e estímulo durante o tempo em que o livro estava sendo preparado, em especial a Jerry Austin, Matt Barnes, Lisa Biernbaum, Linda Chaput, Marilyn Dahl, Brooke Gilbert, Kathy Gilligan, Teri Kieffer, Will Lippincott, Barbara Monteiro e Patrick Orton.

A família Jossey-Bass/Wiley serviu como um extraordinário sistema de apoio durante a redação deste livro e gostaríamos de agradecer a Debra Hunter, Cedric Crocker, Erik Thrasher, Todd Berman, Mary Garrett, Hilary Powers, Karen Warner e Bernadette Walter, da Jossey-Bass (bem como a Jennifer Johnson, da Wiley) por seu entusiasmo inabalável e desmedido por esta história simples, mas inspiradora. Susan Williams foi uma das primeiras incentivadoras deste livro e nós lhe agradecemos, em especial, por ter sido nossa

~ *Agradecimentos* ~

advogada, editora e amiga. Ela é o exemplo vivo do valioso papel que o editor desempenha no desenvolvimento de um livro. Não existe outra editora, em nossa experiência, tão amável com os autores quanto a Jossey-Bass/Wiley. Comemoramos nossa experiência com essa editora todos os dias de nossas vidas.

# Contatos

O material de apoio a seguir está disponível para ajudá-lo a incutir novo ânimo em sua organização:

Um programa de vídeo baseado no livro *Café expresso* pode ser adquirido ou alugado no seguinte endereço:

Star Thrower Distribution
26 E. Exchange Street
St. Paul, Minnesota 55101
800-242-3220
info@starthrower.com

~ *Café expresso* ~

Palestras para empresas: energize sua organização com uma apresentação interativa que ressaltará o poder dos Quatro Ps e o ensinará a ver o seu sucesso com o Foco da Intenção.

Para obter mais informações sobre como criar uma cultura inspirada nos Quatro Ps, entre em contato com:

Catalyst Consulting Group Inc.
1111 Chester Avenue
Cleveland, Ohio 44114
216-241-3939
216-241-3977 fax
fun@catalystconsulting.net
http://www.changeisfun.com
http://www.beansthebook.com

Teríamos enorme prazer em ouvir suas histórias sobre como a sua empresa colocou em prática os Quatro Ps.

Este livro foi composto na tipologia Goudy
Old Style em corpo 12/17 e impresso em
papel off-set 90g/m² no Sistema Cameron da
Divisão Gráfica da Distribuidora Record.